───────── 이 책을 후원해 주신 여러분께 감사드립니다. ─────────

(가나다 순)

betrue	K평생교육디자인금융	강형구	규혜	김광훈	김권태	김기석
김도연	김상	김선미	김수길	김수지	김승태	김은혜	김은희
김인규	김정규	김태일	김현규	꿈소	노혜성	루테	바람도니
박뿌뿌	박상태	박영규	박유진	방언경	배동원	백하나	변종제
서아엄마	서윤엄마	서정원	신대산	신동운	신윤이	안석호	김아름
유승주	유정완	윤소정	윤종혁	윤지영	이건림	이경숙	이기연
이동환	이세인	이예근	이윤석	이은수	이종학	이진술	이철
이해숙	이현식	임창민	장지욱	전성희	정미연	정우진	제이코
조태자	진나래	쭈니랑부끌		최정수	최혜진	행복한 콩맘 바하
호집사	홍성덕	황보람	황소다			

55세 전, 연금을 키워라!

55세 전, 연금을 키워라!

초판 1쇄 인쇄 2025년 2월 15일
초판 1쇄 발행 2025년 3월 5일

지은이 · 김범곤
발행인 · 강혜진
발행처 · 진서원
등록 · 제 2012-000384호 2012년 12월 4일
주소 · (03938) 서울시 마포구 동교로 44-3 진서원빌딩 3층
대표전화 · (02) 3143-6353 | **팩스** · (02) 3143-6354
홈페이지 · www.jinswon.co.kr | **이메일** · service@jinswon.co.kr

편집진행 · 안혜희 | **마케팅** · 강성우, 문수연 | **경영지원** · 지경진
표지 및 내지 디자인 · 디박스 | **인쇄** · 보광문화사

ISBN 979-11-93732-17-5 13320
진서원 도서번호 24007
값 22,000원

합법적 초절세 투자법

55세 전,
연금을
키워라!

✦ 퇴직소득세, 연금소득세, 건강보험료 Save! ✦

김범곤 지음

진서원

각자의 삶이 다르듯,
연금을 준비하는 과정도 모두 다를 수밖에 없다!

상담 및 강연에 찾아오는 많은 분의 이야기와 질문 속에는 자신만의 물음이 있고 나는 그 물음에 대한 답변을 전달한다. 시간이 지나고 사례가 쌓이니 모든 물음에는 하나의 공통점이 있다.

연금 납입이 가장 쉬웠고,
연금 운용에는 정답이 없고,
연금 인출이 가장 어려웠다.

연금을 선택하는 과정은 누구의 권유를 따르는 것이 아니라 스스로 결정해서 판단해야 한다. 그러므로 최소한의 연금제도에 대한 공부는 선택이 아닌 필수이다!

**더 많이 납입할수록
더 많은 연금액을 확보한다!**

미래를 예측할 수 없지만, 1가지 확실한 것은 더 많이 납입할수록 더 많은 연금액을 확보할 수 있다는 것이다. 소득의 여유가 있다면 연간 납입한도인 1,800만 원을 채워 납입하는 것이 좋다. 여유가 없어도 소득의 최소 9% 이상은 사적연금에 납입하는 것을 권장한다. 그리고 매년 소득이 증가하는 만큼 연금납입액도 증액해야 인플레이션을 극복할 수 있다.

연금 가입이 늦었더라도 5년 동안 ISA 계좌와 연금저축을 활용하여 최대 1억 9,000만 원을 연금계좌로 옮길 수 있다. 만약 목돈이 있다면 연금계좌와 ISA 계좌를 활용하자. 그러면 세금도 아끼면서 안정적인 고정 수입을 확보할 수 있다.

 **오르기만 하는 자산은 없다!
위험 관리의 중요성**

연금 운용은 개인의 위험 성향과 목표 수익률에 따라 다르게 접근할 수 있다. 한 예로 1993년부터 2024년 12월까지 S&P500 지수를 추종하는 ETF(티커:SPY)는 1,280% 상승했다. 이를 단순히 연평균수익률로 환산하면 지난 32년간 연평균수익률은 10.03%에 달한다.

만약 연금 운용의 연평균 기대수익률이 10%라면 S&P500 지수를 추종하는 ETF 종목에 모든 연금자산을 투자하여 운용하는 방법을 고려할 수 있다. 물론 매년 10%의 수익률이 똑같이 발생하는 것은 아니지만, 장기적으로 운용한다면 연평균수익률 10%에 근접할 수 있을 것이다.

반면 S&P500 지수를 추종하는 ETF(티커:SPY)를 선택했을 때 손실도 감내해야 해서 2000년 1월부터 2022년 12월 말까지 −43.23%, 2007년 1월부터 2008년 12월 말까지 −44.14% 하락한 적이 있다. 이렇게 S&P500에 투자했을 때 큰 폭으로 하락한 경우 연간 최대 −40%까지는 손실이 발생할 수 있다는 의미다. 따라서 위험자산에 대한 투자 비중은 연금 운용의 목표수익률에 따라 결정해야 하고, 일정 비중은 원금 손실 없는 현금성 자산을 확보하여 위험 관리 차원의 포트폴리오를 구성하는 것이 좋다.

 ## 마르지 않는 샘물은 없다!
하지만 최대한 유예할 수는 있다!

원금을 보존하면서 연금을 인출하는 마법 같은 연금 인출방법은 이론적으로는 있을 수 있다. 하지만 연금 운용의 연평균수익률을 가정할 경우에는 수익률 발생 순서 위험이라는 불확실성이 있으므로 '연금 인출은 곧 연금평가액의 감소'라는 것을 인지해야 한다. 그리고 연금을 인출할 때는 다양한 세금문제가 발생할 수 있다. 따라서 더 많은 금액을 오랜 기간 인출하려면 최대한 절세할 수 있는 인출방법을 숙지하고 그 범위 안에서 적정한 인출금액을 찾는 과정이 필요하다.

이렇듯 복잡한 연금제도를 단순화할 수 있는 가장 좋은 방법은 '연금 납입', '연금 운용', '연금 인출'이라는 각 단계의 특징을 제대로 학습하는 것이다. 그리고 다양한 연금관리의 사례를 잘 이해하여 앞으로 다가올 연금 인출 이벤트를 미리 예측하고 준비하는 과정이 필요하다.

첫 번째 책 《김범곤의 월 300만 원 평생연금》은 연금제도를 이해하면서 월 300만 원 연금을 만드는 과정을 설명한 이론서다. 그리고 두 번째 책 《55세 전, 연금을 키워라!》는 여러 사람들의 다양한 사례를 통해 간접적으로 연금 운용과정을 경험하고 앞으로 더 많은 연금액을 확보할 수 있는 방안을 제시하는 실전서다.

이 책에서 제시하는 모든 사례가 누구에게나 공통적으로 적용될 수는 없다. 하지만 최소한 책을 통해 연금 운용과 인출에 어려움을 겪지 않으면서 풍족한 노후생활을 즐길 수 있는 연금 길잡이가 되기를 바란다.

김범곤

책을 읽기 전에 보면 좋은 동영상 강의 목차

준 비 마 당

연금저축 ↔ IRP로 서로 이전하려면? → 40쪽

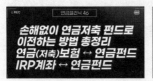

ISA 계좌 VS 연금계좌, 어떤 것부터 가입해야 할까? → 62쪽

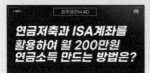

실 천 마 당

초보자가 꼭 알아야 할 연금 '납입' → '운용' → '인출' 총정리 → 76쪽

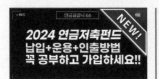

건강보험료를 줄이는 최고의 방법 – 피부양자로 등록! → 116쪽

금융소득 종합과세 셀프 계산하기 → 121쪽

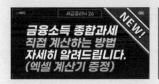

퇴직금 중간 정산 후 퇴직소득세를 줄이는 방법 → 125쪽

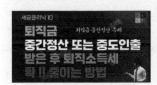

퇴직금을 IRP 계좌로 받고 연금저축으로 이전하려면? → 159쪽

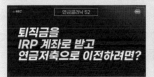

연금저축과 ISA로 1억 원 모으기 프로젝트 → 172쪽

목차

**실천
마당** | **이렇게 해야 내 연금이 쑥쑥 커진다!**

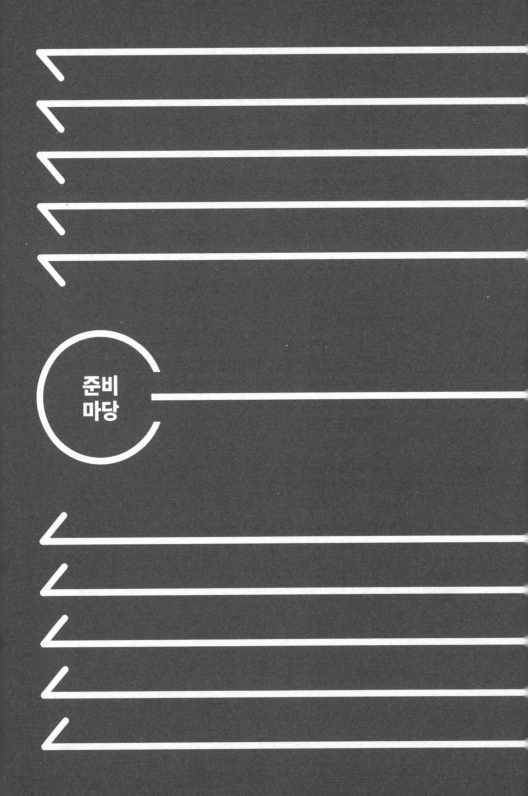

준비
마당

만 55세 전, 꼭 알아야 할 연금 상식

01
내 노후를 든든하게!
연금 3총사와 ISA

연금 3총사 ① - 국민연금

국민연금은 공적연금으로, 일반 국민들이 의무적으로 가입하여 근로기간에 계속 납부해야 한다. 공적연금의 종류에는 국민연금, 공무원연금, 사학연금, 군인연금이 있는데, 이 중 국민연금은 국가가 주도적으로 운영하고 다른 공적연금과 마찬가지로 매년 소비자 물가상승률만큼 연금 수령액을 조정하는 장점이 있다.

연금 3총사 ② - 퇴직연금(DB형, DC형, IRP)

퇴직연금은 근로자가 회사에서 퇴직한 후 받을 수 있는 연금으로, DB형과 DC형, IRP로 구분한다. 퇴직연금은 근로자가 퇴직급여를 한꺼번에 써버리는 것을 방지하는 동시에 근로자의 퇴직급여 수급권을 보장하기 위해 탄생했다.

연금 3총사 ③ - 연금저축

연금저축은 국민연금이나 퇴직연금처럼 의무 가입이 아니어서 국민
연금이나 퇴직연금에 비해 자유롭게 중도인출할 수 있다. 대한민국 사
람이라면 누구나 연금저축을 개설할 수 있고 정부에서는 납입, 운용, 인
출 과정에서 다양한 세제 혜택을 제공한다.

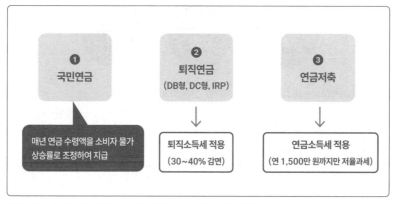

연금 3총사 - ① 국민연금(공적연금), ② 퇴직연금(사적연금), ③ 연금저축(사적연금)

ISA - 연금과 시너지 효과를 발휘하는 절세 투자상품

ISA(Individual Savings Account)는 연금은 아니지만 연금과 환상의 짝꿍
역할을 담당하는 금융상품이다. ISA는 일정한 한도 안에서 예금뿐만 아
니라 주식, 채권, 펀드, ETF(상장지수펀드) 등 다양한 금융상품을 한꺼번
에 담아 운용할 수 있다. 그리고 ISA는 의무 가입기간인 3년이 경과한
후 해지하면 순수익(=수익-손실)에 대해 일정 금액(200만 원 또는 400만 원)만

큼 비과세 혜택을 제공한다. 이때 해지한 만기자금을 연금계좌(연금저축, IRP)로 이전하면 추가 세제 혜택도 받을 수 있어서 일석이조이다.

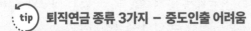 **tip) 퇴직연금 종류 3가지 – 중도인출 어려움**

퇴직연금의 종류에는 DB형(Defined Benefit), DC형(Defined Contribution), IRP (Individual Retirement Pension)가 있다.

① DB형(Defined Benefit) – 장기근속, 고연봉자에게 유리

DB형(확정급여형)은 퇴직 직전 3개월 평균 급여에 근속연수를 곱해 퇴직연금을 결정하는 방식으로 운용된다. 따라서 퇴직시점에 급여 수준이 높거나 근속연수가 긴 근로자라면 DB형이 상대적으로 더 많은 퇴직금을 수령할 수 있다. DB형의 경우 근로자는 퇴직금의 운용책임이 없어 안정성을 보장받지만, 기업에게는 더 많은 책임과 리스크가 따른다.

② DC형(Defined Contribution) – 이직이 잦거나 직접 퇴직연금의 운용을 희망하는 경우 추천

DC형(확정기여형)은 근로자가 자신의 퇴직금을 개인적으로 관리하는 방식으로, 기업은 근로자의 DC형 계좌에 연봉의 1/12을 매년 1회 또는 매월 나누어 입금하고 근로자는 이 자금을 투자하거나 운용할 수 있다. DC형은 근로자가 연금을 자유롭게 유용할 수 있지만, 투자성과에 따라 미래의 퇴직금이 달라질 수 있으므로 근로자 스스로 운용방식에 대해 학습해야 한다.

③ IRP(Individual Retirement Pension) – 퇴직형 IRP, 개인형 IRP, 기업형 IRP

IRP는 퇴사 후 퇴직금을 이전받는 용도(퇴직 IRP)와 개인이 따로 납입하여 세액공제 등 세제 혜택을 받는 용도(개인 IRP)로 구분하는데, 상시 근로자 10명 미만의 근로자를 사용하는 사업장이 퇴직연금제도를 설정하기 위한 용도로 기업형 IRP에 가입하기도 한다. 개인형 IRP는 회사에 소속되어 있지 않은 자영업자와 프리랜서도 가입할 수 있지만, 퇴직연금이므로 중도인출이 어렵다.

연금저축 가입? 지금도 늦지 않았다!
(ft. 세액공제, 과세이연)

소득이 있다면 세액공제 혜택!
인출 시 연금소득세 적용!

연금 3총사 중에서 국민연금은 우리가 컨트롤할 수 있는 게 별로 없으므로 연금저축에 대해 먼저 알아보자. 만약 당신이 지금 만 55세 전이라면 하루라도 빨리 연금저축에 가입하는 것을 추천한다. 연금저축은 누구나 가입할 수 있고 퇴직연금과 달리 중도인출이 자유로워서 돈이 묶일 염려가 적다. 그리고 연금저축은 소득이 있을 때 세액공제*를 받을 수 있을 뿐만 아니라 만 55세 이후 연금을 인출할 경우 저율과세인 연금소득세가 적용되어 돈을 아낄 수 있다.

세액공제는 매년 연말정산을 통해 이루어진다. 예를 들어 연 소득

---

* **소득공제와 세액공제**: 월급쟁이는 연말정산 때 '소득공제'와 '세액공제'라는 단어를 접한다. 소득공제는 세율 구간이 적용되는 금액대(과세표준)를 덜어내는 개념이고 세액공제는 낼 세금을 직접 덜어내는 개념이다.

5,500만 원인 근로소득자가 연금저축에 매월 50만 원씩 연 600만 원을 납입하면 600만 원×16.5%(세액공제율)=99만 원의 세액이 공제된다.

만약 매년 세전 99만 원의 이자소득을 얻으려면 2,475만 원을 연 이율 4%의 예금상품에 가입하고 1년 후에 수령해야 한다. 하지만 연금저축을 활용하면 연간 600만 원만 납입하고도 99만 원의 세금 감면 효과가 발생하므로 가입을 안 할 이유가 없다.

연금저축 연간 납입금액과 세액공제율

다음은 연금저축을 연말정산할 때 받는 세액공제율이다. 연금저축의 연간 세액공제한도는 최대 600만 원이고 총급여액과 종합소득금액별로 세액공제율과 세액공제한도가 달라지니 참고하자.

■ 연금저축의 세액공제율

	총급여액/종합소득금액	세액공제율 (지방소득세 포함)	세액공제한도
근로소득자	5,500만 원 초과	13.2%	최대 600만 원 (퇴직연금(IRP, DC형) 개인 부담 금 포함 시 최대 900만 원)
	5,500만 원 미만	16.5%	
종합소득자	4,500만 원 초과	13.2%	
	4,500만 원 미만	16.5%	

소득이 많을수록 세액공제율이 낮아진다.

다음은 연금저축의 연간 납입금액 대비 세액공제액이다. 연간 납입 금액에 세액공제율을 곱해서 최종 세액공제액을 계산하는데, 이 금액은 연말정산을 통해 국세청에서 되돌려받는다.

■ 연금저축의 연간 납입금액별 세액공제액－총급여 5,500만 원 초과/미만인 경우

연간 납입금액	세액공제율(지방소득세 포함)	세액공제액
100만 원	초과 13.2%	100만 원×13.2%=13만 2,000원
	미만 16.5%	100만 원×16.5%=16만 5,000원
200만 원	초과 13.2%	200만 원×13.2%=26만 4,000원
	미만 16.5%	200만 원×16.5%=33만 원
300만 원	초과 13.2%	300만 원×13.2%=39만 6,000원
	미만 16.5%	300만 원×16.5%=49만 5,000원
400만 원	초과 13.2%	400만 원×13.2%=52만 8,000원
	미만 16.5%	400만 원×16.5%=66만 원
500만 원	초과 13.2%	500만 원×13.2%=66만 원
	미만 16.5%	500만 원×16.5%=82만 5,000원
600만 원	**초과 13.2%**	**600만 원×13.2%=79만 2,000원**
	미만 16.5%	**600만 원×16.5%=99만 원**
700만 원	초과 13.2%	700만 원×13.2%=92만 4,000원
	미만 16.5%	700만 원×16.5%=115만 5,000원
800만 원	초과 13.2%	800만 원×13.2%=105만 6,000원
	미만 16.5%	800만 원×16.5%=132만 원
900만 원	초과 13.2%	900만 원×13.2%=118만 8,000원
	미만 16.5%	900만 원×16.5%=148만 5,000원

> 연금저축 세액공제한도는 최대 600만 원이다. 퇴직연금(IRP, DC형)에 300만 원을 추가 납입하면 총 900만 원의 세액공제를 받을 수 있다.

연금계좌(연금저축+퇴직연금)의 연간 납입한도와 세액공제한도

연금저축의 세액공제 혜택을 보니 더 많은 돈을 납입하고 싶을 것이다. 하지만 연금저축은 세액공제금액이 최대 600만 원으로 한정되어 있다. 여기서 잠깐! 연금계좌는 '연금저축'과 '퇴직연금'을 모두 포함하는 상위 개념으로, '연금저축'과 '연금계좌'는 다르니 헷갈리지 않도록 주의하자.

33쪽의 표를 보면 연금저축과 퇴직연금[*]을 합산한 연금계좌의 연간 납입한도는 1,800만 원이고 세액공제한도는 900만 원이다. 만약 '연금저축'의 세액공제한도인 연 600만 원까지 납입했다면 퇴직연금을 포함한 '연금계좌'의 세액공제한도가 연 900만 원이므로 300만 원 여유가 있다. 따라서 퇴직연금계좌인 IRP에 300만 원을 추가 납입하면 '연금계좌'의 연간 세액공제한도 900만 원을 최대치로 납입하게 된다.

세액공제한도 초과납입액은 연금 인출 시 비과세!

'연금계좌(연금저축+퇴직연금)'의 연간 납입한도는 총 1,800만 원이고 '연금계좌(연금저축+퇴직연금)'의 연간 세액공제는 900만 원이다. 그렇다면 세액공제한도를 초과하여 납입한 900만 원은 세액공제도 받을 수 없는데

---

[*]   퇴직연금의 종류에는 DB형, DC형, IRP가 있는데, 여기서는 개인이 자유롭게 납입할 수 있는 IRP를 중심으로 설명하고 있다.

어떤 이득이 있을까?

이렇게 추가 납입한 금액은 만 55세 이후 연금으로 인출하면 비과세 혜택이 주어진다. 따라서 여유가 있다면 '연금계좌'에 연간 1,800만 원을 꽉 채워서 납입해도 좋다.

■ **연금계좌의 연간 납입한도와 세액공제한도**

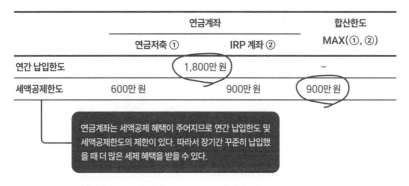

	연금계좌		합산한도
	연금저축 ①	IRP 계좌 ②	MAX(①, ②)
연간 납입한도	1,800만 원		–
세액공제한도	600만 원	900만 원	900만 원

연금계좌는 세액공제 혜택이 주어지므로 연간 납입한도 및 세액공제한도의 제한이 있다. 따라서 장기간 꾸준히 납입했을 때 더 많은 세제 혜택을 받을 수 있다.

🔄 tip 연금저축 가입은 증권사 '연금저축펀드' 추천!

현재 가입할 수 있는 연금저축상품은 연금저축보험과 연금저축펀드이다. 그중에서도 증권사의 연금저축펀드는 다양한 상품을 선택해서 운용할 수 있다. 퇴직연금도 연금저축펀드와 운용할 수 있는 상품이 크게 다르지 않지만, 퇴직연금은 위험자산 투자한도가 70%로 제한된다.*

■ 퇴직연금 투자 가능 상품 구분

원리금 보장형 상품	투자위험을 낮춘 상품	위험자산	고위험자산
은행의 예금, 적금	외국 국채 (환위험헷지, 신용등급 A − 이상)	채권	투자부적격등급 채권
저축은행 예금, 적금	채권혼합형 펀드 (주식 40% 이내, 투자 부적격등급 채무증권 30% 이내)	주식형 펀드	전환사채, 신주인수권부사채, 교환사채
우체국 예금		혼합형 펀드	사모펀드
보험사 GIC		ELS	
증권사 ELB, RP	적격 TDF	DLS	사모로 발행되거나 최대 손실이 원금의 40%를 초과하는 파생결합증권
통화안정증권		주식형 ETF	
국채증권			

증권사에서 가입한 연금저축펀드는 모든 상품에 투자 가능!   100% 투자 가능   70% 투자 가능   투자 금지

자료 출처: 금융위원회(https://www.fsc.go.kr)

연금저축에서 국내/해외 주식 직접 투자는 불가능!

연금저축에서는 국내 주식과 해외 주식에 직접 투자할 수 없다. 다만 펀드와 ETF를 통해 국내 주식과 해외 주식에는 투자할 수 있다. 연금저축에서 해외 투자를 할 때는 환율도 고려해야 하는데, 환율 변동 위험을 피하고 싶다면 환헷지 종목을 매수하면 된다. 환헷지 종목은 펀드나 ETF 종목 뒤에 '(H)'가 붙어있고 수수료가 높다.

■ **SOL 미국 배당 다우존스 ETF 투자 종목**

> **사례**
>
> • 환노출 ETF 종목 = SOL 미국배당 다우존스
> • 환헷지 ETF 종목 = SOL 미국배당 다우존스 (H)

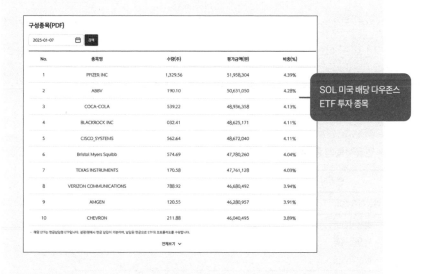

구성종목(PDF)

2025-01-07 검색

No.	종목명	수량(주)	평가금액(원)	비중(%)
1	PFIZER INC	1,329.56	51,958,304	4.39%
2	ABBV	190.10	50,631,050	4.28%
3	COCA-COLA	539.22	48,936,358	4.13%
4	BLACKROCK INC	032.41	48,625,171	4.11%
5	CISCO_SYSTEMS	562.64	48,672,040	4.11%
6	Bristol Myers Squibb	574.69	47,780,260	4.04%
7	TEXAS INSTRUMENTS	170.58	47,761,128	4.03%
8	VERIZON COMMUNICATIONS	788.92	46,680,492	3.94%
9	AMGEN	120.55	46,280,957	3.91%
10	CHEVRON	211.88	46,040,495	3.89%

· 해당 ETF는 연금납입형 ETF입니다. 설립/해제시 현금 납입이 기본이며, 납입원 연금으로 ETF의 포트폴리오를 구성합니다.

전체보기 ∨

SOL 미국 배당 다우존스 ETF 투자 종목

---

* 　연금저축과 퇴직연금 운용은 투자자의 성향과 경기 사이클에 따라 투자 패턴이 매우 다양해진다. 이 책은 퇴직을 앞둔 40대와 50대를 위해 절세와 연금 인출 중심으로 구성했다. 연금저축 운용에 대해서는 《김범곤의 월 300만 원 평생연금》에서 자세히 다루었으니 참고한다.

03 연금저축 인출과 세금에 대하여

연금저축 인출조건 – 만 55세, 가입기간 5년 이상

연금저축에 있는 돈을 인출하려면 가입자 나이는 만 55세, 가입기간 5년 이상이라는 조건을 충족해야 한다. 연금 수령방법은 가입한 금융회사에 수령방법을 문의하고 자신에게 적절한 연금 수령방법을 선택하면 된다.

■ 연금저축의 종류와 연금 수령방법

증권사	보험사	은행
연금저축펀드	연금저축보험	연금저축신탁
• 확정기간형	• 종신형(생명보험)	• 확정기간형
• 확정금액형	• 확정기간형	• 확정금액형
• 비정기연금		

연금저축 인출 시 내야 하는 세금 –
연금소득세 or 종합소득세 or 기타소득세

　연금저축 인출조건이 충족되어 돈을 빼서 쓰기 시작하면 금액대에 따라 연금소득세, 종합소득세, 기타소득세 중 하나가 과세된다. 이 중에서 가장 낮은 세율이 적용되는 게 '연금소득세'인데, 다음 2가지 조건을 충족해야 저율과세가 적용된다. 만약 연 1,500만 원 이상 초과해서 연금을 인출한다면 전액 종합소득세나 분리과세를 선택해야 한다.

연금저축에서 연금소득세 적용 조건

[조건 1] 연금 수령한도 안에서 인출할 것
[조건 2] 연금소득세 과세 기준인 연 1,500만 원 안에서 인출할 것

　연금소득세는 나이를 먹을수록 줄어든다. 만약 만 55세에 연금을 개시하면 연 5.5%의 연금소득세율이 적용도니다. 이후 만 70세가 되면 연 4.4%, 만 80세가 되면 연 3.3%의 연금소득세율이 적용된다. *

■ **연금소득세율**

연금소득금액	연금소득세율
연 1,500만 원 이하	3.3%(만 80세 이상)
	4.4%(만 70세 이상~만 80세 미만)
	5.5%(만 55세 이상~만 70세 미만)
연 1,500만 원 초과	종합과세 또는 16.5% 분리과세 선택 가능

---

* 　　종신형 연금 수령의 경우 만 55세부터는 4.4%, 만 80세부터는 3.3%의 연금소득세율이 적용된다.

연금저축 인출순서에 따라 세금이 달라진다?

연금저축 계좌에는 여러 돈뭉치가 들어있을 수 있다. 예를 들어 근로기간 세액공제를 받은 납입액, 추가 납입액, 운용수익, 퇴직금 등이 있을 것이다. 돈뭉치에 따라 인출할 때 세금이 달라지는데, 세액공제를 받은 납입금액과 운용수익은 과세 대상이고 세액공제를 받지 않고 추가로 납입한 돈은 비과세 대상이다. 따라서 연금저축은 소득원천에 따라 다음의 순서로 인출해야 세금 부담을 최소화할 수 있다.

① 과세 제외 금액(세액공제 미적용 추가 납입금액 → 비과세)을 인출하고
② 이연퇴직소득*을 인출한 후(퇴직소득세 30~40% 감면)
③ 마지막으로 과세 대상 소득(세액공제 적용 납입금액+운용수익)을 인출한다.

■ 연금 인출순서

인출순서	소득원천	과세 여부
1순위	세액공제 미적용 추가 납입금액	비과세
2순위	이연퇴직소득	퇴직소득세 과세 • **실제 수령 연차 10년 미만**: 30% 감면 • **실제 수령 연차 10년 초과**: 11년 차부터 40% 감면
3순위	세액공제 적용 납입금액 운용수익	수령금액 및 수령방법에 따라 연금소득세, 종합소득세, 기타소득세 과세

> 세금이 적은 순서대로 인출!

---

* **이연퇴직소득**: 퇴직금을 받을 때까지 세금 부과를 유예하는 제도이다. 현재의 세금 부담을 미래로 늦추는 대신 더 큰 투자 결실을 얻을 수 있는 기회를 제공한다.

연금저축은 연금 개시 전 중도인출 가능!
단 패널티 주의!

　연금저축은 퇴직연금과 달리 만 55세 연금 개시 전에도 중도인출할 수 있다. 하지만 납입 단계에서 세액공제받은 금액과 운용수익이 인출되는 경우 기타소득세 16.5%가 과세되므로 긴급한 상황이 아니라면 중도인출을 신중하게 결정해야 한다.

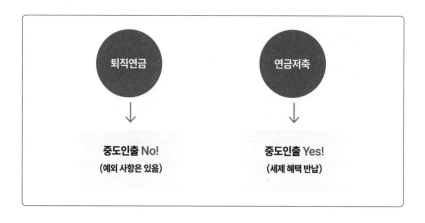

tip **연금저축 ↔ IRP로 서로 이전하려면?**

연금저축을 IRP로 옮기거나 IRP를 연금저축으로 옮기려면 다음 조건에 해당해야 한다.

① 가입자의 나이가 만 55세 이상이고
② 가입 후 5년이 경과해야 하며
③ 당시 가입한 금융상품은 모두 매도한 후 현금화해야 한다.

다음은 연금저축 이전 방법에 대해 총정리한 동영상 강의로, 손해 없이 연금저축을 상호 이전하는 방법을 살펴볼 때 참고하면 좋다.

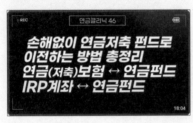

04

만 55세 전에 연금 수령 연차를 쌓아야 하는 이유 (ft. 연금 수령 연차, 연금 수령한도)

연금저축에서 저율과세 연금소득세를 적용받는 조건 2가지
① 연금 수령한도 안에서 인출 + ② 연 1,500만 원 안에서 인출

37쪽에서 설명한 것처럼 연금저축을 인출할 때 가장 적게 내는 세금은 연금소득세(3.3~5.5%)이다. 연금소득세를 적용받으려면 ① 연금 수령한도 안에서 인출할 것, ② 연금소득세 과세 기준인 연 1,500만 원 안에서 인출할 것, 이렇게 2가지 조건을 모두 만족해야 한다. 이들 조건 중 연 1,500만 원 안에서 인출하는 것은 쉽게 이해되지만, 연금 수령한도는 무엇일까?

연금 수령한도란?

연금저축을 비롯하여 모든 연금 구조는 '납입기간 세액공제'와 '운용기간 과세이연' 등 세제 혜택을 주는 조건으로 최소한 10년 이상 수령하게 설계되어 있다. 이것에 대한 근거는 바로 연금 수령한도 계산식을 통해 알 수 있다. 연금 수령한도 계산식에서 분자에는 '연금계좌 평가금액'을, 분모에는 '11-연금 수령 연차'를 반영하는데, 여기서 분모에 들어가는 숫자 '11'을 주목해야 한다. 연금 수령 연차가 10년 차가 되면 분모의 숫자는 1이 되므로 사실상 연금 수령한도는 없어진다.

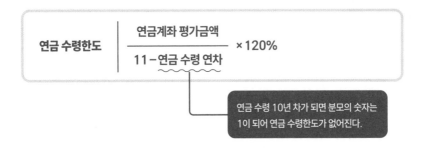

연금 수령한도 $\dfrac{\text{연금계좌 평가금액}}{11-\text{연금 수령 연차}} \times 120\%$

연금 수령 10년 차가 되면 분모의 숫자는 1이 되어 연금 수령한도가 없어진다.

연금 수령 연차가 연금 수령한도 결정! 적어도 만 50세 전에 연금저축에 가입하자

결국 연금 수령 연차는 연금 수령한도에 영향을 준다. 아무리 연금자산이 많아도 연금 수령 연차가 적다면 연금 수령한도는 낮아지고 세제혜택도 줄어든다.

그렇다면 연금 수령 연차는 어떻게 증가할까? 일반적으로 연금 개시 조건(만 55세, 가입기간 5년 이상)만 충족하면 연금 개시 여부와 관계없이 자동으로 연금 수령 연차는 증가한다. 따라서 가급적 만 50세 전에 연금저축에 가입하는 게 좋다. 그렇다면 여기서 잠깐! 퀴즈를 풀면서 연금 수령 연차를 이해해보자.

[퀴즈 1]   2020년 1월 1일 연금저축에 가입한 만 50세 곤쌤이 2031년 1월
             1일 연금을 개시한다고 가정했을 때 연금 수령 연차는?

[정답]   7년 차. 연금 개시 나이 조건인 만 55세부터 연금 수령 연차가 계산
             된다.

연도	나이	가입 연차	연금 개시 가능 여부	연금 수령 연차
2020년 1월 1일	만 50세	가입 0년 차	–	–
2021년 1월 1일	만 51세	가입 1년 차	–	–
2022년 1월 1일	만 52세	가입 2년 차	–	–
2023년 1월 1일	만 53세	가입 3년 차	–	–
2024년 1월 1일	만 54세	가입 4년 차	–	–
2025년 1월 1일	만 55세	가입 5년 차	연금 개시조건 충족	1년 차
2026년 1월 1일	만 56세	가입 6년 차	–	2년 차
2027년 1월 1일	만 57세	가입 7년 차	–	3년 차
2028년 1월 1일	만 58세	가입 8년 차	–	4년 차
2029년 1월 1일	만 59세	가입 9년 차	–	5년 차
2030년 1월 1일	만 60세	가입 10년 차	–	6년 차
2031년 1월 1일	**만 61세**	**가입 11년 차**	**연금 개시 신청**	**7년 차**

연금저축 가입자가 만 64세가 되면 연금 수령한도는 의미 없다?

곤쌤의 연금 수령 연차는 7년 차이다. 그렇다면 연금 수령한도는 얼
마까지 가능할까?

　곤쌤의 연금 수령 연차가 7년 차이므로 연금 수령한도는 3,000만 원이다. 연 1,500만 원만 인출한다면 저율과세인 연금소득세를 적용받지만, 연 3,000만 원을 인출한다면 전액 종합과세나 분리과세를 선택해야한다.

　그렇다면 연금 수령 연차가 10년 차가 되면 어떻게 될까? 연금 수령한도는 1억 2,000만 원으로 훌쩍 넘어가고 평가금액 이상의 금액을 찾을 수 있는 조건이 된다. 따라서 연금 수령 연차가 10년 차 이상이면 연금 수령한도는 큰 의미가 없어진다.

연 1,500만 원 이하 인출 시
연금소득세 적용 구간

연금 수령 연차	연금 수령한도 계산식	연금계좌 평가금액
1년차	평가금액/(11-1)×120%	1억 원/10×120%=1,200만 원
2년차	평가금액/(11-2)×120%	1억 원/9×120%=1,333만 원
3년차	평가금액/(11-3)×120%	1억 원/8×120%=1,500만 원
4년차	평가금액/(11-4)×120%	1억 원/7×120%=1,714만 원
5년차	평가금액/(11-5)×120%	1억 원/6×120%=2,000만 원
6년차	평가금액/(11-6)×120%	1억 원/5×120%=2,400만 원
7년차	평가금액/(11-7)×120%	1억 원/4×120%=3,000만 원
8년차	평가금액/(11-8)×120%	1억 원/3×120%=4,000만 원
9년차	평가금액/(11-9)×120%	1억 원/2×120%=6,000만 원
10년차	**평가금액/(11-10)×120%**	**1억 원/1×120%=1억 2,000만 원**

05 퇴직금은 목돈이 아니다! 연금으로 인출하자

퇴직일시금 → IRP 계좌로 받으면 절세 효과 껑충!

이직을 하거나 정년퇴임을 하면 수년간 모아둔 퇴직연금을 만 55세 전까지는 법적으로 IRP(개인형 퇴직연금)로만 받을 수 있다. 이렇게 받은 퇴직연금을 대부분 주택 구입자금이나 자녀교육비 등으로 사용하는데, 이렇게 하면 퇴직소득세도 많이 내야 하고 노후 준비는 뒷전이 된다. 그렇다면 어떻게 하는 게 좋을까?

결론부터 말하면 아주 긴급한 상황이 아니라면 퇴직금은 가급적 만 55세 이후에 연금으로 인출할 것을 추천한다. 퇴직소득세가 과세이연* 될 뿐만 아니라 만 55세 이후에 인출할 경우 퇴직소득세를 연금 수령 연차 10년 차까지는 30%, 11년 차부터는 40% 감면해주기 때문이다.

---

*　**과세이연**: 자산을 처분할 때까지 세금 부과를 유예하는 제도. 현재의 세금 부담을 미래로 늦추는 대신 더 큰 투자 결실을 얻을 수 있는 기회를 제공한다.

사례1 **퇴직금 1억 원을 한꺼번에 인출할 경우 세금은?**

문○○ 님은 근속연수 20년 차로, 퇴직금 1억 원을 한꺼번에 인출해서 주택자금 대출을 갚으려고 한다. 이때 퇴직소득세로 얼마를 낼까?

> • **퇴직소득세**＝1억 원×1.12%(실효세율,* 지방소득세 제외)＝112만 원
> • **세후 퇴직금**＝9,888만 원(＝1억 원－112만 원)

■ **세전 퇴직일시금 1억 원에 대한 세전 퇴직소득세**

근속연수	20년
세전 퇴직일시금	**1억 원**
근속연수공제	4,000만 원
과세 대상 퇴직소득/(근속연수×12배)	6,000만 원
환산급여	**3,600만 원**
환산급여공제	2,480만 원
퇴직소득 과세표준×세율	1,120만 원
환산산출세액/(12배×근속연수)	67만 2,000원
세전 퇴직소득세	**112만 원**
퇴직소득세 실효세율*	1.12%

---

* **퇴직소득세 실효세율**: 퇴직연금 가입자의 근속연수와 연봉 등에 따라 퇴직소득세 실효세율은 달라진다. 퇴직소득세 실효세율 계산법에 대해서는 130쪽을 참고한다.

사례 2 퇴직금 1억 원을 연금으로 인출할 경우 세금은?

이번에는 IRP 계좌로 세전 퇴직일시금 1억 원을 수령할 경우를 상정해보자. 당장은 퇴직소득세를 공제하지 않으므로 1억 원이 그대로 들어오는데, 이 돈을 연금으로 인출할 경우를 살펴보자.

① 연금 수령한도 계산하기

예를 들어 만 55세(연금 수령 연차 1년 차), 연금 수령한도 이내 금액을 연금으로 인출하면 퇴직소득세는 얼마가 발생할까? 우선 연금 수령한도부터 계산해보자.

연금 수령한도 = 연금계좌 평가금액/(11 – 연금 수령 연차) × 120%

$$\rightarrow \frac{1억 원}{11-1} \times 120\% = \boxed{연 1,200만 원}$$

---

② 퇴직소득세 계산하기

앞에서 계산한 연금 수령한도 연 1,200만 원을 인출할 경우 퇴직소득세는 다음과 같이 발생한다.

• **연 1,200만 원 × 실효세율 1.12%**
   = 퇴직소득세 134,400원 × 70%(30% 감면) = **94,080원**

> 연금 수령 11년 차부터는 퇴직소득세 40% 감면!

• **세후 연금 수령액**: 1,190만 5,920원(=1,200만 원−94,080원)

정리하자면 퇴직금 1억 원을 IRP 계좌로 받고 연금 개시 1년 차에 연금 수령한도 이내 금액인 1,200만 원을 인출했을 때 발생하는 퇴직소득세는 94,080원(지방소득세 제외)이다.

연금 수령한도 이상 인출하면 퇴직소득세 감면 없음!

연금 수령한도를 초과해서 인출하면 한도 초과분은 세제 혜택이 적용되지 않는다. 따라서 퇴직일시금을 이전한 연금계좌에서 퇴직소득세를 감면받으려면 연금 수령한도 안에서 인출해야 한다. 만약 앞의 사례에서 연금 수령한도를 초과하여 연 2,000만 원을 인출했다면 퇴직소득세는 다음과 같다. 물론 초과인출해도 일시금으로 받을 때보다는 이득이다.

연금계좌에서 연 2,000만 원을 인출할 경우

1. 연금 수령한도 이내(연 1,200만 원) → 퇴직소득세 감면 '있음'
  연 1,200만 원 × 실효세율 1.12%
  = 퇴직소득세 134,400원 × 70%(30% 감면) = 94,080원

2. 연금 수령한도 초과(연 800만 원) → 퇴직소득세 감면 '없음'
  연 800만 원 × 실효세율 1.12% = 89,600원

※ **퇴직소득세 총합**: 94,080원 + 89,600원 = 18만 3,680원(지방소득세 제외)

• 퇴직금은 퇴직소득세 적용(연금 수령한도까지만 30~40% 절세)
• 연금저축은 연금소득세 적용(연 1,500만 원까지만 연금소득세 적용)

퇴직금 받는 IRP 계좌는 가입기간 의무조항 없음!

만 55세 때 퇴직 후 퇴직금을 받기 위해 IRP 계좌를 개설했다. 그렇다면 이렇게 개설한 IRP도 연금 수령조건인 가입기간 5년이 적용될까? NO! 퇴직금이 입금된 IRP는 연금 수령을 위한 계좌의 가입기간 조건이 따로 적용되지 않으므로 만 55세가 넘으면 곧바로 연금을 수령할 수 있다. 만 55세 이후에 연금이 개시되고 연금으로 인출할 경우 퇴직소득세는 30% 감면받고 11년 차에는 40% 감면받는다.

다음은 퇴직금을 수령할 때 꼭 알아야 할 8가지 사항을 정리한 동영상 강의로, 참고하면 좋다.

06

만 55세부터 IRP에서
연 1만 원이라도 인출하자
(ft. 실제 연금 수령 연차 쌓기의 중요성)

IRP(개인형 퇴직연금)의 쓰임새

퇴직연금(DB형, DC형, IRP)은 근로자가 퇴직 후 받은 퇴직금을 적립하고 이것을 노후자금으로 활용할 수 있는 제도이다. 법적으로 만 55세 이전에 퇴직할 경우에는 반드시 IRP 계좌로 퇴직금을 수령해야 하지만, 만 55세 이후에 퇴직하면 일반 통장으로도 퇴직금을 수령할 수 있다. IRP는 이렇게 퇴사 후 퇴직금을 받는 계좌로도 활용하지만, 나중에 연금으로 인출할 수도 있다.

회사에 소속되지 않은 개인 사업자와 프리랜서도 노후 대책을 위해 IRP에 가입할 수 있다. IRP도 연금저축처럼 '납입' 단계에서는 세액공제 혜택을, '운용' 단계에서는 과세이연 혜택을, '인출' 단계에서는 절세혜택을 받으므로 가입자 수가 계속 증가하고 있다. 하지만 만약 중도에 일을 쉬면서 연금을 납입하고 싶다면 IRP 대신 연금저축을 추천한다. IRP는 퇴직연금 상품이어서 중도인출이 제한되기 때문이다.

만 55세 이상 소득이 있어도 IRP 인출은 필수!
왜? 연금 수령 연차 높이려고!

연금 개시조건*이 성립되면 퇴직금이 입금된 IRP에서 연금 수령을 시작해야 하는 이유는 무엇일까? 요즘에는 정년퇴임을 해도 재취업을 하는 경우가 많아 만 55세에 연금을 개시할 수 있는 조건을 충족했어도 계속 경제활동을 하고 있으므로 대부분 연금 수령을 미룬다. 하지만 이렇게 되면 퇴직소득세 감면을 위한 실제 연금 수령 연차를 쌓을 수 없어서 결과적으로 연금 수령한도 및 퇴직소득세 감면 효과가 감소한다. 그래서 정작 필요할 때 IRP에서 원하는 만큼 돈을 빼낼 수도 없고 퇴직소득세 감면 효과도 지연된다. 그래서 퇴직금이 입금된 IRP에서는 연금 개시조건이 충족되면 연 1만 원이라도 인출하는 것이 좋다.

실제 연금 수령 연차가 높아질수록
퇴직소득세 감면 효과 껑충!

가입자가 만 55세여서 연금 개시조건 중 나이를 충족한 상태라면 곧바로 연금 개시를 신청하자. 단 소득이 있어서 많은 돈을 인출할 필요가 없다면 연금 인출액을 연 1만 원으로 설정하자. 이렇게 10년 동안 인출하면 연금 수령한도는 없어지고 다음 연도 인출부터 실제 수령 연차는

---

* **연금 개시조건**: 만 55세, 연금계좌 가입기간 5년 이상이어야 연금을 개시할 수 있다. 단 IRP로 퇴직금을 받은 경우에는 가입기간이 적용되지 않는다.

11년 차가 된다. 이 시점부터는 연금 수령한도가 큰 의미가 없으므로 퇴직금에 해당하는 이연퇴직소득을 전액 인출할 수도 있고 퇴직소득세도 30%에서 40%로 더 감면받는다.

---

tip) 명예퇴직금과 퇴직위로금 → IRP와 연금저축에 분리 수령 가능

퇴직금은 '법정퇴직금'과 '명예퇴직금' 또는 '퇴직위로금'으로 구분할 수 있다. 이 모든 퇴직금은 퇴직소득세 과세 대상 소득이고 DB형과 DC형은 법정퇴직금으로 분류한다. 법정퇴직금은 나이 기준에 따라 IRP나 일반 통장으로 지급받을 수 있다. 하지만 만 55세 이전에 퇴직했다면 선택지는 없고 무조건 IRP 계좌로 퇴직금을 지급받아야 한다.

법정퇴직금(DB형, DC형)과 별도로 명예퇴직금과 퇴직위로금은 분리해서 수령할 수 있다. 예를 들어 법정퇴직금 1억 원, 명예퇴직금 2억 원을 지급받기로 했다면 법정퇴직금은 IRP로, 명예퇴직금은 연금저축으로 분리 이전할 수 있다. 이렇게 제도상으로는 분리 이전할 수 있지만, 회사나 금융회사에서 분리 이전할 수 없는 경우도 있다. 그러므로 법정퇴직금과 명예퇴직금 및 퇴직위로금을 분리해서 지급받으려면 회사와 금융회사에 분리 이전할 수 있는지와 이전 절차에 대해 꼭 문의해야 한다.

다음은 명예퇴직금 3억 원을 일시금으로 받지 않고 연금계좌로 받은 후 평생연금을 받을 수 있는 방법을 설명하는 동영상 강의로, 참고하면 좋다.

07

2013년 3월 이전 퇴직연금 가입자 주목!

2013년 3월 이전 퇴직연금에 가입했다면
연금 수령 연차 6년 차 특례 자동 적용!

2013년 3월 이전에 퇴직연금(DB형, DC형, IRP)을 개설했다면 가입자 특례가 적용되어 연금 개시 후 연금 수령 연차는 6년 차부터 적용된다. 연금 수령 연차는 연금 수령한도에 영향을 주어 연간 퇴직소득세 감면 금액을 결정하는 중요한 사항이다.

예를 들어보자. 2013년 3월 이전에 DB형 퇴직연금에 가입한 사람은 특례 적용되어 신규 IRP로 퇴직금을 받아도 연금 수령 연차는 자동으로 6년 차부터 시작한다. 반면 2013년 3월 이후에 DB형 퇴직연금에 가입했다면 연금 수령 연차는 1년 차가 적용된다.

사례 1 **2013년 3월 이전 퇴직연금(DB형 또는 DC형)에 가입한 근로자**

[질문] 퇴직금 1억 원을 신규 IRP 계좌로 입금받은 경우 연금 수령 연차와 연금 수령한도는 얼마인가? (퇴직 시 나이 만 55세 가정)

연금 수령한도＝연금계좌 평가금액/(11－연금 수령 연차)×120%

1억 원/(11－6)×120%＝연 2,400만 원

[정답] 이 경우 2013년 3월 이전에 가입했으므로 연금 수령 연차는 특례 적용으로 6년 차여서 연금 수령한도를 계산하면 연 2,400만 원이다. 따라서 연 2,400만 원 안에서 인출할 경우 퇴직소득세는 30%(11년 차 40%) 감면되지만, 연 2,400만 원 한도를 초과인출한 금액에 대해서는 퇴직소득세가 감면되지 않는다.

만약 2013년 3월 이후 퇴직연금(DB형 또는 DC형) 가입자라면 연금 수령 연차는 1년 차이고 연금 수령한도는 연 1,200만 원이다. 연 1,200만 원 한도를 초과인출한 금액에 대해 퇴직소득세가 감면되지 않는다.

사례 2 **2010년 1월 1일 DC형 퇴직연금에 가입한 근로자**
→ 2012년 1월 1일에 가입한 IRP 계좌로 퇴직금을 입금받은 경우

[질문] 퇴직금 1억 원을 2012년 1월 1일에 가입한 IRP 계좌로 입금받은 경우 연금 수령 연차와 연금 수령한도는 얼마인가? (퇴직 시 나이 만 60세 가정)

[답변] 2012년 1월 1일에 가입한 IRP의 연금 수령 연차는 2024년 기준으로 11년 차이다. 2013년 3월 이전에 개설하고 연금 개시조건(만 55세, 가입기간 5년)을 충족했으므로 연금 개시 여부와 관계없이 자동으로 연금 수령 연차는 증가한다. 2013년 3월 이전에 IRP 계좌를 개설했으므로 연금 개시조건인 가입기간 5년을 충족하는 2019년부터 6년 차로 카운팅되기 시작하고 2024년은 11년 차로 연금 수령한도를 넘어선다.

■ **2024년 퇴직금 1억 원 수령 과정 – 현재 만 60세, IRP는 2012년에 개설**

	2012년	2013년	2014년	2015년	2016년	2017년	2018년
가입 연차	가입 1년 차	가입 2년 차	가입 3년 차	가입 4년 차	가입 5년 차	가입 6년 차	가입 7년 차
나이	만 48세	만 49세	만 50세	만 51세	만 52세	만 53세	만 54세
연금 수령 연차							

2019년(연금 개시 가능)	2020년	2021년	2022년	2023년	2024년
가입 8년 차	가입 9년 차	가입 10년 차	가입 11년 차	가입 12년 차	가입 13년 차
만 55세	만 56세	만 57세	만 58세	만 59세	만 60세
6년 차	7년 차	8년 차	9년 차	10년 차	11년 차

2013년 이전에 퇴직연금에 가입했으므로 만 55세, '6년 차' 적용!

2024년 만 60세, 연금 수령한도 없음!

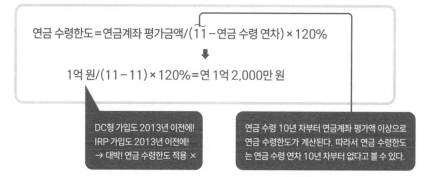

연금 수령한도 = 연금계좌 평가금액/(11 – 연금 수령 연차) × 120%

↓

1억 원/(11 – 11) × 120% = 연 1억 2,000만 원

DC형 가입도 2013년 이전에! IRP 가입도 2013년 이전에! → 대박! 연금 수령한도 적용 ×

연금 수령 10년 차부터 연금계좌 평가액 이상으로 연금 수령한도가 계산된다. 따라서 연금 수령한도는 연금 수령 연차 10년 차부터 없다고 볼 수 있다.

사례 3 2010년 1월 1일 DC형 퇴직연금에 가입한 근로자
→ 2014년 1월 1일에 가입한 IRP 계좌로 퇴직금을 입금받은 경우

[질문] 퇴직금 1억 원을 2014년 1월 1일에 가입한 IRP 계좌로 입금받은 경우 연금 수령 연차와 연금 수령한도는 얼마인가? (퇴직 시 나이 만 60세 가정)

[답변] 2014년 1월 1일에 가입한 IRP의 연금 수령 연차는 2024년 기준으로 6년 차이다. 2013년 3월 이후에 개설하고 연금 개시조건(만 55세, 가입기간 5년)을 충족하면 연금 개시 여부와 관계없이 자동으로 연금 수령 연차는 증가한다. 다만 2013년 3월 이후에 IRP 계좌를 개설했으므로 연금 개시조건을 충족하는 2019년부터 1년 차로 카운팅되기 시작하고 2024년에 '6년 차'가 된다.

■ 2024년 퇴직금 1억 원 수령 과정 – 현재 만 60세, IRP는 2014년에 개설

	2012년	2013년	2014년	2015년	2016년	2017년	2018년
가입 연차	가입 1년 차	가입 2년 차	가입 3년 차	가입 4년 차	가입 5년 차	가입 6년 차	가입 7년 차
나이	만 48세	만 49세	만 50세	만 51세	만 52세	만 53세	만 54세
연금 수령 연차							

2019년(연금 개시 가능)	2020년	2021년	2022년	2023년	2024년
가입 8년 차	가입 9년 차	가입 10년 차	가입 11년 차	가입 12년 차	가입 13년 차
만 55세	만 56세	만 57세	만 58세	만 59세	만 60세
1년 차	2년 차	3년 차	4년 차	5년 차	6년 차

2013년 이후에 퇴직연금에 가입했으므로 만 55세, '1년 차' 적용!

2024년 만 60세, '6년 차' 적용!

연금 수령한도＝연금계좌 평가금액/(11－연금 수령 연차)×120%

⬇

1억 원/(11－6)×120%＝연 2,400만 원

만약 2013년 3월 이전에 가입한 연금계좌(DC형, IRP, 연금저축)를 2013년 3월 이후에 가입한 연금계좌(DC형, IRP, 연금저축)로 이전할 경우 이전한 연금계좌의 가입일과 연금 수령 연차를 승계하므로 연금 수령 연차의 특례 적용이 사라진다. 따라서 연금계좌 간에 상호 이전할 경우에는 가입일과 연금 수령 연차의 승계에 특히 신경 써야 한다.

이번 사례는 2013년 이전에 DC형 퇴직연금에 가입했으므로 퇴직 후 IRP 계좌로 퇴직금이 입금되면 자동으로 6년 차 특례 적용을 받는다. 하지만 2014년에 가입한 IRP 계좌로 입금받으면 특례 적용을 받지 못한다. 따라서 연금저축의 가입 일정을 꼼꼼히 따져보고 연금 수령 여부를 결정해야 한다.

08

ISA는 1억 원짜리 비과세 통장!
(ft. 분리과세의 위력과 건강보험료 절감 효과)

ISA의 가입조건

연금계좌와 찰떡궁합을 자랑하는 ISA는 국내에 거주하는 성년(만 19세 이상)이라면 소득 유무에 상관없이 누구나 가입할 수 있다. 미성년자는 만 15세 이상이고 근로소득이 있으면 ISA에 가입할 수 있다. 다만 가입 직전 3개년도 중 1회 이상 금융소득 종합과세자(이자소득과 배당소득이 2,000만 원을 초과한 자)는 ISA에 가입할 수 없으니 주의하자. 만약 금융소득 종합과세자가 될 확률이 높다면 만기를 최대한 길게 지정하는 것도 좋은 방법이다.

ISA의 최대 납입한도와 연간 납입한도

ISA의 최대 납입한도는 1억 원, 연간 납입한도는 2,000만 원이고 올해 납입하지 못한 한도는 다음 연도로 이월된다. 예를 들어 2024년 10월 1일에 ISA에 가입하고 1만 원만 납입했다고 가정해보자. 이 경우 2025

년 1월 1일이 되었으면 가입한 지 1년이 지나지 않았지만 납입한도는 2024년 미납 금액 1,999만 원과 2025년 납입한도 2,000만 원이 합산되어 총 3,999만 원을 ISA 계좌에 납입할 수 있다. ISA에 가입한 후 5년이 경과하면 일시금으로 납입할 수 있는 한도는 1억 원으로 증가한다. 따라서 ISA에 가입하면 결국 1억 원 한도의 절세 통장을 마련하게 되는 것이다.

ISA로 예금만 굴려도 무조건 이득!
(ft. 분리과세와 건강보험료)

예금에 가입하고 만기가 되면 세금을 차감하고 이자를 주는데, 이때 차감되는 이자소득세는 15.4%이다. 즉 이자가 100만 원이면 15만 4,000원, 200만 원이면 30만 8,000원, 300만 원이면 46만 2,000원과 같이 이자소득이 증가할수록 세금도 함께 늘어난다. 그리고 금융소득(이자소득+배당소득)은 연간 1,000만 원을 초과하면 건강보험료를 계산할 때 연간 소득금액에 포함되고 2,000만 원을 초과하면 금융소득 종합과세에 해당되어 더 많은 세금을 납부해야 한다. 그러나 ISA를 만기 3년을 유지하고 해지하면 금융소득(이자소득+배당소득)에 대해서 비과세한도(200만 원 또는 400만 원)만큼은 세금이 없다. 또한 운용기간 중 발생하는 이자소득 및 배당소득에는 이자소득 및 배당소득세를 차감하지 않고 재투자할 수 있는 과세이연 효과가 생겨 15.4%의 소득세만큼 재투자하므로 복리 효과가 커진다. 그리고 비과세한도를 초과하여 발생한 금융소득은 9.9% 세율로 무조건 분리과세가 적용되므로 건강보험료 및 금융소득 종합과세 산

정 기초소득에 포함되지 않는다.[*]

무조건 분리과세에 주목해야 하는 이유

분리과세란, 금융소득 종합과세나 건강보험료 산정소득에 포함하지 않고 분리해서 부과하는 세금을 말한다. ISA 계좌는 비과세 한도(200만 원 또는 400만 원)를 초과하여 발생하는 소득에 무조건 분리과세를 적용하여 9.9%의 세율로 과세하고 있다. 따라서 금융소득이 많아 금융소득 종합과세 및 건강보험료가 부담스러운 경우에는 ISA 계좌를 적극적으로 활용하여 과세 대상 금융소득을 줄일 수 있도록 해야 한다.

ISA 계좌의 절세 효과 사례

① 은행 예금 비교
ISA 계좌에서 예금에 가입한 경우와 일반 은행에서 예금에 가입한 경우를 비교해보자. 가입금액 2,000만 원, 1년 만기 후 5년 동안 이자와 원금을 재투자했을 때 만기 예상금액을 비교해보면 절세 효과로 최대 71만 2,100원 차이가 난다.

---

[*]   ISA의 운용은 투자자의 성향과 경기 사이클에 따라 투자 패턴이 매우 다양해진다. 이 책은 퇴직을 앞둔 40대와 50대를 위해 절세와 연금 인출 중심으로 구성했다. ISA 운용에 대한 내용은 《김범곤의 월 300만 원 평생연금》에서 자세히 다루었으니 참고한다.

② 건강보험료 비교

이번에는 ISA 계좌와 일반 주식계좌에서 배당수익이 났을 때를 비교해보자. 일반 주식계좌에서 연 1,001만 원의 배당금을 수령한 경우 건강보험료 지역 가입자에게는 1,001만 원×7.09%=연 70만 9,000원의 건강보험료가 부과된다. 하지만 ISA 계좌에서 발생한 배당수익은 건강보험료 산정소득에 포함되지 않는다. 즉 배당수익이 발생해도 200만 원이나 400만 원 한도로 비과세가 적용되고 비과세한도 초과분은 무조건 9.9% 분리과세가 적용된다. 그리고 ISA를 해지하거나 만기 이전까지는 과세이연되므로 일반 주식계좌보다 ISA 계좌가 훨씬 이득이다.

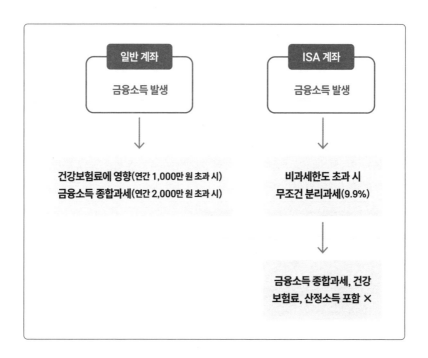

ISA 계좌 vs 연금계좌, 어떤 것부터 가입해야 할까?

3년마다 ISA 계좌의 비과세 혜택을 받을 목적이 아니라면 최대 1억 원을 목표로 납입하기를 권장한다. 목돈이 있다면 연간 2,000만 원 한도로 납입하고 적립식이라면 ISA 계좌에서 저축하는 것도 좋은 방법이다. 물론 ISA 계좌는 3년이라는 시간이 지나야 세제 혜택을 받을 수 있지만, 퇴직연금과 달리 납입 원금을 자유롭게 중도인출할 수 있다.

ISA 계좌는 중도인출에, 연금계좌는 세액공제에 강점!
그냥 둘 다 가입하자

"ISA 계좌와 연금계좌 중에서 무엇을 먼저 가입해야 하나요?"

이런 질문을 많이 하는데, 일단 모두 가입하면 된다. ISA 계좌는 시간이 지날수록 납입한도가 증가하니까 묵혀둘수록 그릇이 커진다.

ISA 계좌는 납입 원금을 중도인출할 수 있다는 강점이 있고 연금계좌는 납입 단계에서 세액공제를 받을 수 있다는 강점이 있다. 따라서 당장 소득세를 절세하면서 장기간 운용한 후 연금 형태로 인출할 계획이라면 연금계좌를 선택하자. 다만 가까운 미래에 목돈을 인출하여 소비할 계획이 있다면 ISA 계좌를 선택해야 한다.

다음은 연금저축과 ISA 계좌를 활용하여 월 200만 원 연금소득을 만든 사례를 보여주는 동영상 강의로, 참고하면 좋다.

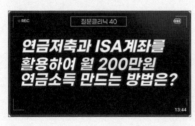

09

목돈을 ISA → 연금계좌로 옮기면 절세 효과 껑충!

ISA → 연금계좌로 이체하면 납입한도+세액공제한도 증가!

62쪽에서 연금계좌(연금저축, IRP)와 ISA를 함께 운용하면 이득이 많다고 강조했다. 연금계좌의 특징을 다시 한번 떠올려보자. 연금계좌의 연간 납입한도는 연 1,800만 원이고 세액공제한도는 최대 900만 원이다. 남들보다 노후를 늦게 준비하기 시작했다면 연간 납입할 수 있는 한도가 1,800만 원이므로 더 넣고 싶어도 한계가 있다. 그래서 목돈이 있어도 매년 1,800만 원만 넣으면서 연금계좌로 돈을 옮기는 경우가 있다.

하지만 이 경우 ISA를 활용하면 되므로 크게 걱정할 필요가 없다. ISA 계좌를 3년 이상 보유하고 해지하거나 만기가 도래했을 때 손익정산을 완료한 후 그 자금을 연금계좌로 이전하면 목돈을 옮기면서 추가 세제 혜택까지 받을 수 있기 때문이다.

ISA 만기자금 → 연금계좌로 옮기면 초과납입 가능!

ISA 만기자금을 연금계좌로 이전하면 연금계좌 납입한도 연 1,800만 원을 초과해서 납입할 수 있다. 그리고 연금계좌 이전 금액의 10%, 최대 300만 원까지 추가 세액공제가 인정되므로 연금저축으로 이전했을 때는 최대 연 900만 원(600만 원+300만 원), IRP 계좌로 이전했을 때는 최대 연 1,200만 원(900만 원+300만 원)까지 세액공제 납입액으로 인정받을 수 있다.

자, 정리해보자. ISA 계좌 만기자금을 연금계좌로 이전하면 다음 4가지 혜택이 있다.

① 연금계좌 납입한도가 증가한다.
   → 연 1,800만 원+ISA 계좌 만기자금
② 연금계좌 세액공제한도가 증가한다.
   → ISA 계좌 만기자금의 10%, 최대 300만 원 추가 세액공제
③ 이전한 ISA 계좌의 만기자금 중 세액공제 미적용 금액은 연금계좌의 세액공제 이월을 신청할 수 있다.
   → 다음 연도 연금계좌의 세액공제 납입액으로 활용
④ ISA 계좌의 만기자금 중 세액공제 미적용 금액은 연금 개시 전에 비과세로 인출할 수 있다.
   → 단 연금저축만 가능

ISA 계좌 → 연금계좌로 옮겼을 때의 혜택 총정리

여기서 끝이 아니다. 연금계좌로 이전한 ISA 만기자금은 금액이 초과할 경우 다음 연도 연금계좌의 세액공제 납입액으로 인정받을 수 있다. 참고로 세액공제를 적용받지 않은 납입액만큼은 세금 없이 중도인출할 수 있다. 단 연금 개시 전 중도인출할 수 있는 연금계좌는 연금저축만 가능하다. 왜냐하면 IRP는 퇴직연금으로 분류되므로 중도인출할 경우 무주택자인 가입자가 본인 명의로 주택을 구입하거나 가입자 또는 배우자가 6개월 이상 요양이 필요한 질병 및 부상을 입은 경우 등 특별한 사유가 필요하기 때문이다

 tip | ISA → 연금계좌로 이전 시 보수적 운용 필수!

ISA에서 3년마다 절세 효과를 누리며 수익을 거두다가 연금계좌로 이전하려면 ISA 계좌에서 보유한 금융상품을 모두 매도해야 한다. 매도는 이익을 확정하는 행위로, 이익이 발생한 금융상품은 비교적 매도가 쉽지만, 손실이 발생한 금융상품은 매도가 어렵다. 3년이라는 기간은 투자에서 길 수도, 짧을 수도 있다. 그러나 3년 동안 무조건 이익이 발생한다는 보장이 없으므로 3년마다 연금계좌로 이전하려면 ISA 계좌를 보수적으로 운용하는 것이 좋다. 여기서 '보수적'이란, 원금 손실 가능성이 없는 금융상품으로 운용하거나 포트폴리오를 구성할 때 위험자산보다는 안전자산의 비중을 높게 설정하여 운용하는 것을 의미한다.

오른쪽 화면은 ISA와 연금저축으로 1억 원 만들기 과정을 설명한 동영상 강의로, 참고하면 좋다. ISA와 연금저축의 세제 혜택을 활용하면 빠르게 연금자산을 확보할 수 있을 것이다.

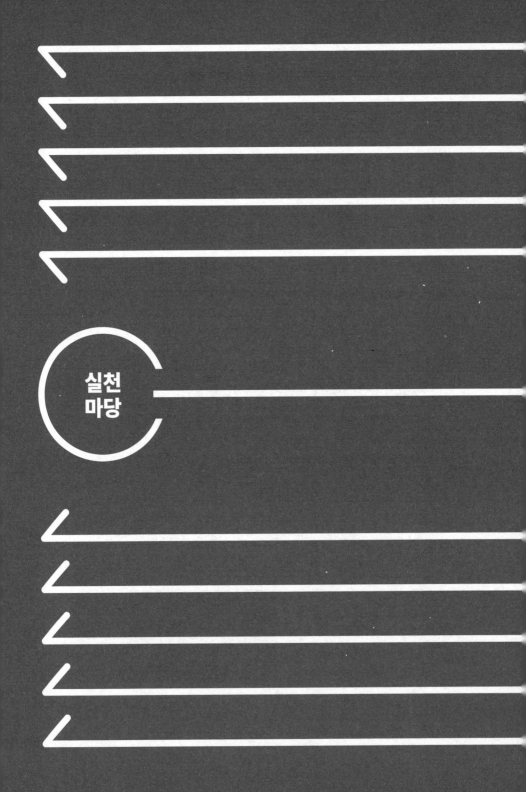

실천
마당

이렇게 해야
내 연금이 쑥쑥
커진다!

01

곤쌤
해결책

만 55세에 연금저축 가입,
너무 늦었나요?

2023년 현재 나이 만 55세이고 아직 현업에 재직 중입니다. 퇴직시점은 정확하지 않지만 앞으로 최소 5년 이상은 근무할 것으로 예상하고 있습니다. 2023년 10월, 처음으로 증권사의 연금저축을 개설하고 월 50만 원씩 납입하고 있습니다. 다른 사람들은 수익률이 엄청 높던데 저도 가능할까요? 앞으로 어떤 방법으로 운용해야 고수익을 거둘 수 있을까요?

늦었다고 할 때가 가장 빠를 때!
소득이 있다면 연금저축 세액공제부터 챙기자

연금저축은 연간 600만 원까지 납입하면 세액공제 혜택을 받을 수 있다. 세액공제율의 경우 연 소득 5,500만 원 이하는 16.5%, 연 소득 5,500만 원 초과는 13.2%가 적용된다. 예를 들어 근로자의 경우 13.2%의 세액공제율을 적용받으면 600만 원×13.2%=79만 2,000원, 16.5%의 세액공제율을 적용받으면 600만 원×16.5%=99만 원 세액공제받을 수 있다. 연금저축 세액공제를 통해 매년 납부해야 할 세금을 줄여주는 효과가 생기므로 소득이 있다면 연금저축은 무조건 가입하는 게 이득이다.

신○○ 님은 만 55세인 2023년 10월에 연금저축에 가입해서 10월부터 12월까지 3개월간 50만 원씩, 총 150만 원을 납입했다. 연 600만 원까지 납입하면 세액공제 혜택이 커지니 450만 원을 추가로 납입하는 것을 권했다. 신○○ 님도 퇴직 전까지 연금저축에 최대치로 납입하고 세액공제를 받겠다고 답했다.

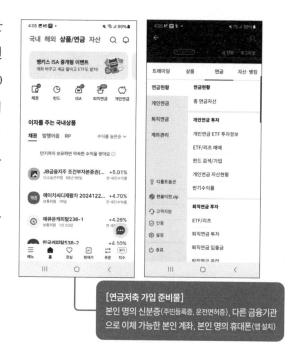

[연금저축 가입 준비물]
본인 명의 신분증(주민등록증, 운전면허증), 다른 금융기관으로 이체 가능한 본인 계좌, 본인 명의 휴대폰(앱 설치)

납입계획 **여유가 있다면 연간 1,800만 원 납입한도를 채울 것!**

연금저축 세액공제는 연간 600만 원으로 제한되지만 그 이상 납부할 수도 있다. 다만 세제 혜택 때문에 연간 1,800만 원까지만 납부할 수 있다. 여기서 잠깐! 연금저축은 ISA와 달리 올해 1,800만 원까지 납부하지 못했을 경우 다음 연도로 납입금액이 이월되지 않으므로 매년 꾸준히 납입하여 연금자산을 늘리는 것을 목표로 하자.

신○○ 님은 퇴직까지 5년 남았다. 월 50만 원씩 5년을 납입하면 총 3,000만 원을 납입하게 되며 5년 후 운용 기대수익률에 따른 평가금액은 다음과 같다.

■ 연금자산 3,000만 원 – 연간 기대수익률에 따른 평가금액

월 적립금액	연간 기대수익률	5년 후 평가금액
월 50만 원 × 60회	연 3%	3,229만 481원
	연 4%	3,308만 9,512원
	연 5%	3,390만 6,869원
	연 6%	**3,474만 2,893원**
	연 7%	3,559만 7,929원
	연 8%	3,647만 2,325원
	연 9%	3,736만 6,435원
	연 10%	3,828만 615원

초보자라면 예금 수익률 2배 목표!(약 연 6%)

운용계획 초보자라면 예금 수익률 2배를 목표로 운영할 것!

증권사마다 연금저축상품 가입을 추천하는 경우가 많은데, 이것은 운용상품이 다양하기 때문이다. 대부분의 가입자는 증권사가 알아서 연금저축상품을 운용해주는 것으로 알고 있지만, 실상은 다르다. 1994년 6월부터 2000년 12월까지 판매한 연금저축은 특정 펀드를 가입해야 했다. 하지만 2001년 1월부터 판매된 연금저축의 경우에는 가입자가 직접 펀드상품을 선택해야 한다.

신○○ 님의 경우도 3개월 동안 납입했던 금액이 모두 MMF(Money Market Fund)에 자동매수되어 있었다. 증권사마다 차이는 있지만, 보통 연금저축에서는 별도의 상품을 선택하지 않으면 납입자금으로 MMF를 자동으로 매수한다. MMF는 자산운용사가 단기금융상품에 투자해서 수익을

얻는 초단기금융상품으로, 원금 손실 없이 안정적으로 운용할 수 있다.

	펀드명 ▼	총보수	판매수수료	수익률					상품위험 ▼ 등급	운용시작일 클래스 규모	바로가기
				1개월 ▼	3개월 ▼	6개월 ▼	1년 ▼	3년 ▼			
	삼성신종종류형MMF제4호-CP [제영사] (수수료미징구 - 오프라인 - 개인연금) · 유형: 국내 MMF 숨기기	0.48%	없음	2.90%	2.99%	3.07%	3.22%	2.91%	매우낮은 위험	1999-04-26 11,266.49 억 원	신규매수 장바구니

MMF 수익률 총보수 및 수익률 추이

자료 출처: 삼성증권(https://www.samsungpop.com)

신○○ 님은 연간 기대수익률을 6%(예금 약 2배)로 결정했다. 그래서 원금 손실이 없는 현금성 자산에는 약 30% 비중을 배분하고, 나머지 70%는 선진국 주식, 미국 채권, 달러, 금을 각각 17.5% 비중으로 배분할 것을 조언했다. 그리고 매월 적립 후 1년에 1회 리밸런싱*을 실행하는 방법으로 운용계획을 세웠다.

---

* **리밸런싱**: 리밸런싱(rebalancing)이란, 투자 포트폴리오의 자산 비율을 원래 설정한 목표 비율로 재조정하는 과정을 의미한다. 시간이 지나면서 자산의 가치가 변동되면 초기 목표 비율을 벗어나게 된다. 이때 일정한 기간을 정해 불균형을 바로잡아 투자자의 목표와 위험 허용도를 유지하는 데 리밸런싱이 중요한 역할을 한다.

■ 신○○ 님의 ETF 포트폴리오
(2023년 10월 1일~2024년 12월 9일 ETF 투자수익률 추이)

자산군	ETF 종목	위험성향		
		공격	중립	안정
현금성 자산	TIGER CD금리투자KIS(합성)	20%	30%	50%
주식	KODEX 선진국MSCI World	20%	17.5%	12.5%
채권	KODEX 미국채10년선물	20%	17.5%	12.5%
달러	KODEX 미국달러선물	20%	17.5%	12.5%
금	KODEX 골드선물(H)	20%	17.5%	12.5%

> 위험성향에 따라 현금성 자산의 비중을 결정하고 포트폴리오 구성 후 매수, 그리고 1년마다 리밸런싱 진행!

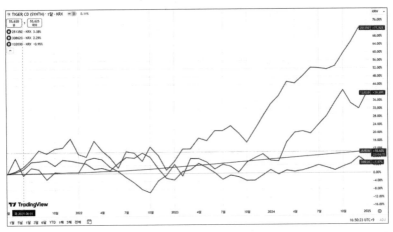

자료 출처: TradingView(https://kr.tradingview.com)

연금저축에서 연금을 개시하려면 ① 납입기간은 최소 5년, ② 나이는 만 55세 이후에 가능하다. 신○○ 님의 경우 나이는 만 55세이지만 최소 납입기간 조건인 5년을 충족하지 못했으므로 연금은 5년 후인 만 60세부터 개시할 수 있다. 그리고 연금 수령한도도 연간 1,500만 원 이내 금액을 인출하면 적격인출로 인정되어 저율의 연금소득세를 적용받을 수 있다. 아울러 연금 인출을 계획할 때는 '연금 수령한도'(41쪽 참고)와 '연금소득세 과세 기준'에 대한 학습이 필요하다는 점도 안내했다(37쪽 참고).

신○○ 님이 월 50만 원씩 5년 동안 꾸준히 연평균수익률 6%를 달성하면 5년 후 예상 평가금액은 3,474만 2,893원이다(70쪽 표 참고). 만 60세가 되어 연금을 개시한 경우와 만 65세가 되어 연금을 개시한 경우 예상 연금 수령액을 비교해보면 다음과 같다.

선택 1 **만 60세에 연금을 개시한 경우**

연금 인출계획

• 연금은 '연금 수령한도'만큼 인출*
• 연금 개시 전후 연평균수익률은 6% 가정

---

*   연금 수령한도와 연금 수령 연차를 계산하는 방법에 대해서는 '준비마당'의 4장(41쪽)과 5장(45쪽)을 참고한다.

■ 신○○ 님의 위험자산＋안전자산 비율

연금 수령 연차 (연금계좌 기준)	연금계좌 평가액	연금 수령한도 (세전 인출금액)	참고
만 60세(1년 차)	3,474만 2,893원	연 416만 9,147원	
만 61세(2년 차)	3,240만 8,171원	연 432만 1,089원	
만 62세(3년 차)	2,977만 2,306원	연 446만 5,846원	
만 63세(4년 차)	2,682만 4,848원	연 459만 8,545원	연금 수령한도＝연금계좌 평
만 64세(5년 차)	2,355만 9,881원	연 471만 1,976원	가금액／(11－연금 수령 연
만 65세(6년 차)	1,997만 8,779원	연 479만 4,907원	차)×120%
만 66세(7년 차)	1,609만 4,904원	연 482만 8,471원	(연금 수령 연차 10년 차부터
만 67세(8년 차)	1,194만 2,419원	연 477만 6,968원	연금 수령한도는 연금계좌 평
만 68세(9년 차)	759만 5,378원	연 455만 7,227원	가액을 초과한다.)
만 69세(10년 차)	322만 440원	연 322만 440원	
누적수령금액		총 4,444만 4,616원	

선택2 **만 65세에 연금을 개시한 경우**

> **연금 인출계획**
>
> • 연금은 '연금 수령한도'만큼 인출
> • 연금 개시 전후 연평균수익률은 6% 가정

만 60세 연금 개시와 달리 만 65세에 연금을 개시하면 연금 수령 연차에 변화가 생긴다. 연금 수령 연차는 연금 개시조건인 ① 납입기간 최소 5년, ② 나이는 만 55세 이후를 충족하면 연금 개시 여부와 상관 없이 연금 수령 연차가 매년 1년씩 증가한다. 신○○ 님의 경우 만 60세가 되면 자동으로 연금 개시조건을 충족하므로 만 60세 시점부터 연금 수령 연차의 카운팅이 시작된다. 따라서 만 65세에 연금 개시를 신청한 경우 연금 수령 연차는 6년 차부터 시작해서 연금 수령한도가 증가한다.

■ **신○○ 님의 위험자산+안전자산 비율**

연금 수령 연차 (연금계좌 기준)	연금계좌 평가액	연금 수령한도 (세전 인출금액)	참고
만 65세(6년 차)	4,649만 3,828원	연 1,115만 8,519원	연금 수령한도=연금계좌 평가금액/(11−연금 수령 연차)×120% (연금 수령 연차 10년 차부터 연금 수령한도는 연금계좌 평가액을 초과한다.)
만 66세(7년 차)	3,745만 5,428원	연 1,123만 6,628원	
만 67세(8년 차)	2,779만 1,972원	연 1,111만 6,771원	
만 68세(9년 차)	1,767만 5,666원	연 1,060만 5,400원	
만 69세(10년 차)	749만 4,482원	연 749만 4,482원	
누적수령금액		총 5,161만 1,800원	

연금납입기간이 짧아서 원하는 연금을 수령하기 힘들 수 있다. 만약 목돈을 더 넣고 싶다면 ISA 계좌를 거쳐 연금저축 계좌로 이동하면 된다(63쪽 참고).

결론 **연금 개시일정과 운용수익률에 따라 연금액이 달라진다!**

지금까지 신○○ 님의 연금자산운용 및 인출을 가정해보았다. 어쩌면 매년 연 6%의 똑같은 연평균수익률을 달성하는 것은 불가능할 수 있다. 말 그대로 평균이므로 어느 해는 더 많은 수익률을 달성할 수도 있고 어느 해는 마이너스 수익률을 기록할 수도 있다. 연금 운용수익률은 변수가 많아 연금 인출금액도 고정적일 수 없으므로 매년 지속적으로 관리해야 한다.

퇴직을 앞두고 연금 인출계획을 세울 때는 다소 보수적으로 가정하여 인출하는 것을 권장한다. 인출률은 매년 연금계좌 평가금액의 연 3%, 연 4%, 연 5% 등 나름의 기준을 정해놓고 생활비가 부족한지 체크해야 한다. 또한 연금 인출 초기에 너무 많은 금액을 인출하면 연금자산이 너무 빨리 고갈되는 위험도 있으므로 적정한 인출금액을 찾는 것이 매우 중요하다.

 초보자가 꼭 알아야 할 연금 '납입' → '운용' → '인출' 총정리

다음은 연금저축을 포함한 모든 연금계좌에서 '납입' → '운용' → '인출' 과정의 핵심을 총정리한 것이다.

1. '납입' 과정의 핵심
전체 금융자산 중 연금자산으로 얼마를 모을 것인지 결정하는 것은 매우 중요하다. 예를 들면 '최소 1억 원을 연금저축에 납입하겠다.'는 계획을 세운 후 연금저축에 가입하고 납입을 시작해야 목표를 달성할 확률이 높다.

2. '운용' 과정의 핵심
적립식 운용의 경우 안전자산의 비중을 낮추고 위험자산의 비중을 높여 다소 공격적으로 운용하는 것을 권장한다. 물론 개인의 투자성향을 고려하여 투자 비중을 결정하는 것이 중요하다. 적립식 운용은 시간을 분산할 수 있고 다양한 자산군으로 포트폴리오를 구성할 경우 위험을 낮추면서 안정적으로 운용할 수 있다는 장점이 있다.

3. '인출' 과정의 핵심

연금 수령한도를 알아야 하고 저율과세인 연금소득세 과세 기준이 연 1,500만 원 인출이라는 것을 이해해야 한다. '내 돈을 인출하는데 왜 이렇게 복잡할까?'라고 생각할 수도 있다. 하지만 세제 혜택이 있는 모든 금융상품은 인출할 때 인출조건을 충족하지 못하면 패널티를 받아 과거에 받은 세제 혜택을 모두 토해내야 하므로 주의하자.

연금 인출계획

연금 생활자는 저마다 필요한 적정 인출금액을 고려하여 운용계획을 세워야 하는데, 인출하는 방법은 다음과 같다.

[방법 1] 포트폴리오를 구성하여 운용하면서 필요한 자금만큼 종목을 매도하여 인출하는 방법

[방법 2] 월 배당 ETF 종목 등을 활용하여 매월 배당률만큼 인출하는 방법

[방법 3] 매월 배당금만큼 인출하되 부족한 생활비는 종목을 매도해서 확보하는 방법

다음은 연금저축펀드를 가입하기 전에 알아두면 좋은 납입, 운용, 인출에 대한 동영상 강의로, 참고하면 좋다.

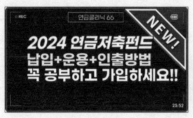

02

DC형 퇴직연금밖에 없어요!
예금 말고 다른 상품에 투자하려면?

곤쌤
해결책

저는 사업을 하고 있고 은행을 통해 DC형 퇴직연금에 가입한 상태입니다. 현재까지 예금으로만 운용했는데, 직원들은 다른 곳에 투자해서 큰 수익을 거두고 있더라고요. 앞으로 예금과 채권, 주식형 ETF를 혼합하여 운용하려고 합니다. 저와 같은 초보자는 어떤 방법으로 포트폴리오를 구성해야 할까요?

은행 퇴직연금(DC형)으로 투자하려면?
퇴직연금의 공격적 상품 투자 비율은 70%로 제한!

표○○ 님은 DC형 퇴직연금에 1억 5,000만 원의 운용자금을 입금한 상태이고 법인을 운영하고 있어서 퇴직시점이 따로 정해지지 않았다. 표○○ 님은 은행을 통해 가입한 DC형 퇴직연금을 증권사의 DC형처럼 실적 배당형 상품으로 운용하고 싶어 했다. 결론부터 말하면 은행 퇴직연금(DC형)도 실적 배당형 상품으로 운용할 수 있다. 다만 은행에서 운용할 수 있는 상품이 증권사보다 제한적이고 DC형 퇴직연금은 공격형 투자상품도 70%로 제한된다. 따라서 예금 외에 어떤 상품을 매수할 수 있는지 종목을 정리하는 과정이 필요하다(34쪽 참고).

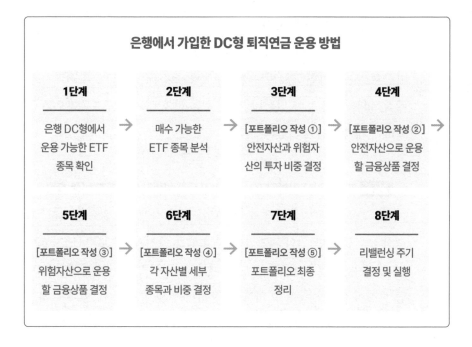

은행에서 가입한 DC형 퇴직연금 운용 방법

1단계

은행 DC형에서 운용 가능한 ETF 종목 확인

→

2단계

매수 가능한 ETF 종목 분석

→

3단계

[포트폴리오 작성 ①] 안전자산과 위험자산의 투자 비중 결정

→

4단계

[포트폴리오 작성 ②] 안전자산으로 운용할 금융상품 결정

→

5단계

[포트폴리오 작성 ③] 위험자산으로 운용할 금융상품 결정

→

6단계

[포트폴리오 작성 ④] 각 자산별 세부 종목과 비중 결정

→

7단계

[포트폴리오 작성 ⑤] 포트폴리오 최종 정리

→

8단계

리밸런싱 주기 결정 및 실행

1단계 은행 DC형에서 운용할 수 있는 ETF 종목 확인하기

은행 홈페이지에 로그인하고 [퇴직연금] 탭을 확인하면 ETF와 관련된 정보를 찾을 수 있다. 만약 운용할 수 있는 종목을 찾기 어렵다면 은행 콜센터에 연락하여 퇴직연금에서 운용 가능한 상품 등을 홈페이지에서 조회하는 방법을 문의하면 된다.

자료 출처: NH농협 홈페이지(https://www.nonghyup.com)

2단계 매수할 수 있는 ETF 종목 분석하기

농협은행 DC형 퇴직연금에서 매수할 수 있는 ETF는 50개였다. 기초자산으로 분류하면 글로벌 주식(유럽 주식, 국내 주식, 선진국 주식 등)과 미국 주식, 미국 채권 등이 있는데, 종목 수는 많지 않지만 포트폴리오를 구성하는 데 부족하지 않았다.

3단계 포트폴리오 만들기 ① – 안전자산과 위험자산의 투자 비중 결정

표○○ 님의 투자성향을 분석해보니 공격 지향성이 살짝 높았다. 그래서 1억 5,000만 원의 평가금액 중 40%는 안전자산으로, 나머지 60%는 위험자산으로 운용하기로 결정했다. 여기서 말하는 안전자산은 원금 손실이 없는 상품을 의미한다. 흔히 채권을 안전자산으로 분류하는데, 이는 주식에 비해 상대적으로 안전하다라는 의미다. 채권은 만기에 따라 원금 손실 가능성이 있으므로 이 책에서는 채권을 위험자산으로 분류했다.

■ **안전자산과 위험자산의 투자 비중** (1억 5,000만 원 기준)

공격수 비중(위험자산)	수비수 비중(안전자산)
60%	40%
9,000만 원	6,000만 원

4단계 포트폴리오 만들기 ② – 안전자산으로 운용할 금융상품 결정

1억 5,000만 원 중 40%인 6,000만 원은 1년 만기 예금상품에 가입하기로 결정했고 나머지 9,000만 원은 12개월 동안 포트폴리오를 구성하여 분할매수를 진행하기로 했다. 표○○ 님처럼 목돈을 보유하고 있는 경우 위험자산을 운용할 때는 목돈을 한 번에 매수하지 말고 최소 6개월에서 1년 정도의 기간 동안 분할매수하기를 권장한다.

5단계 포트폴리오 만들기 ③ − 위험자산으로 운용할 금융상품 결정

위험자산의 투자 비중은 1억 5,000만 원의 60%인 9,000만 원이다. 9,000만 원을 12개월 분할매수할 계획이므로 매월 위험자산에 750만 원(=9,000만 원/12개월)씩 적립식으로 매수하기로 결정했다. 다만 위험자산 중 주식형 ETF 비중은 40%, 채권형 ETF 비중은 40%, 대체투자 ETF 비중은 20%로 결정했으므로 매월 주식형 ETF와 채권형 ETF에는 각각 300만 원씩, 대체투자 ETF에는 150만 원씩 12개월 동안 적립식으로 매수하기로 계획을 세웠다.

■ DC형 퇴직연금 포트폴리오

퇴직연금(DC형) 평가액	1억 5,000만 원
공격수 비중(위험자산)	60%(9,000만 원)
수비수 비중(안전자산)	40%(6,000만 원)
월 적립 투자기간(개월)	12개월

■ 위험자산과 안전자산의 투자비중 및 투자금액

위험자산			안전자산
주식형 ETF	채권형 ETF	대체투자 ETF	정기예금 매수
40%	40%	20%	100%
월 300만 원	월 300만 원	월 150만 원	연 6,000만 원

6단계 포트폴리오 만들기 ④ − 각 자산별 세부 종목과 비중 결정

각 자산군을 세부적으로 구분할 경우 주식은 국내 주식과 해외 주식으로, 채권은 국내 채권과 해외 채권으로, 대체투자는 금, 달러, 리츠 등으로 구분할 수 있다.

표○○ 님의 경우는 국내 주식과 해외 주식, 해외 채권과 대체투자 (금)를 위험자산으로 편입하기로 결정했고 각 종목에 대한 투자 비중을 다음과 같이 할당해서 매수하기로 계획을 세웠다.

■ 위험자산의 각 종목별 투자 비중 및 월 매수금액

자산군	투자 종목(예시)	투자 비중	월 매수금액
국내 주식	NH-AmundiHANARO고배당상장지수(주식)	30%	90만 원
해외 주식	한국투자ACE미국배당다우존스상장지수(주식)	35%	105만 원
	KODEX 선진국MSCI WORLD	35%	105만 원
	합계	100%	300만 원
해외 채권	한국투자ACE미국30년국채액티브상장지수(채권)(H)	100%	300만 원
	합계	100%	300만 원
대체투자	한국투자ACEKRX금현물특별자산상장지수(금)	100%	150만 원
	합계	100%	150만 원

이 포트폴리오는 개인의 투자성향 및 운용목적에 맞게 구성했으므로 참고만 한다.

7단계 포트폴리오 만들기 ⑤ – 포트폴리오 최종 정리

표○○ 님의 1억 5,000만 원 DC형 퇴직연금 운용 계획은 안전자산에 40%를 할당하여 6,000만 원을 정기예금에 매수했다.

■ 안전자산의 매수 비중

금융상품	정기예금
일시금 매수	6,000만 원

나머지 9,000만 원은 12개월 동안 매월 750만 원씩 매수하려고 한다. 즉 국내 주식은 12% 비중으로, 해외 주식(미국 주식, 선진국 주식)은 28% 비중

으로, 미국 채권은 40% 비중으로, 대체투자(금)는 20% 비중으로 포트폴리오를 구성하여 적립식으로 매수할 계획을 세웠고 각 종목별 매수금액은 다음과 같다.

■ 위험자산의 매수 비중

자산군	매수한 ETF 종목	월 매수금액
국내 주식(12%)	NH-AmundiHANARO고배당상장지수(주식)	90만 원
미국 주식(14%)	한국투자ACE미국배당다우존스상장지수(주식)	105만 원
선진국 주식(14%)	KODEX 선진국MSCI WORLD	105만 원
미국 채권(40%)	한국투자ACE미국30년국채액티브상장지수(채권)(H)	300만 원
대체투자(금, 20%)	한국투자ACEKRX금현물특별자산상장지수(금)	150만 원
총합		750만 원

8단계 리밸런싱 주기 결정 및 실행하기

포트폴리오에 따라 매수한 후에는 정기적으로 리밸런싱을 해야 한다. 리밸런싱은 최초로 매수한 투자 비중을 일정 기간이 지나 원래대로의 비중으로 변경해주는 것을 의미한다. 예를 들어 최초의 투자 비중을 안전자산 60%, 위험자산 40%로 구성했어도 위험자산의 가격 변화에 따라 포트폴리오 비중이 달라지는데, 이것을 일정 기간마다 원래대로의 비중으로 바꿔주는 것이다.

■ 리밸런싱 진행 상황

	최초 투자 비중	1년 후 비중	리밸런싱 진행	리밸런싱 후 비중
안전자산	40%	35%	5% 비중 매수	40%
위험자산	60%	65%	5% 비중 매도	60%

리밸런싱의 주기는 매월, 분기, 반기, 매년 등으로 설정할 수 있다. 만약 적립식으로 운용하는 경우에는 1년에 한 번씩 포트폴리오 리밸런싱을 진행하는 것을 권장한다.

 투자성향 파악과 연금 포트폴리오 리밸런싱

증권사나 은행 앱에 들어가면 다음 내용과 비슷하게 설문을 통해 매수 전 투자성향을 파악할 수 있다.

김범곤의 월300평생연금 투자성향 진단

1. 투자자산 운용에 대한 당신의 생각은 다음 어느 항목에 가장 가깝습니까?
(가=1점, 나=3점, 다=5점, 라=7점, 마=9점)

가. 나는 안정성을 매우 중시하기 때문에 어떤 경우에도 투자원금이 깨지는 것을 원치 않는다.

나. 나의 주된 투자 목적은 이자와 배당 등 정기적인 수입을 얻는 데 있다.

다. 나의 주된 투자 목적은 어느 정도의 이자와 배당등정기적인 수입을 얻는 데 있지만, 약간의 원금 손실을 감수하고 투자 자산의 가치가 증대 되는 것도 고려하고 싶다.

라. 나의 주된 투자 목적은 다소의 원금 손실 위험을 부담하더라도 투자 자산의 가치를 증대시키는데 두지만, 이자와 배당 등 정 기적인 수입을 얻는 것도 고려하고 싶다.

마. 나의 주된 투자 목적은 원금 손실 위험을 감수하고서라도 투자자산의 가치를 크게 증대시키는데 있다.

2. 모든 투자자산은 시장 상황에 따라 가치가 늘기도 하고 줄어들 수도 있습니다. 이렇게 투자자산의 가치가 상하로 변동하는 정도를 '변동성'이라고 합니다. 가치의 상승폭은 하락 폭보다 언제나 클 것이라는 보장은 없습니다. 일반적으로 변동성이 큰 투자는 그만큼 리스크가 큰 투자입니다. 당신은 투자 목표를 고려할 경우 허용될 수 있는 변동성은 어느 정도라고 생각하십니까? (가=1점, 나=5점 다=9점)

다음은 불황이든, 호황이든 꾸준히 수익을 내기 위한 연금 포트폴리오 리밸런싱 사례를 정리한 동영상 강의로, 참고하면 좋다.

03

소득이 있는데 왜 IRP에서 매년 1만 원을 인출해야 하나요?

곤쌤 해결책

저는 만 55세로 앞으로 퇴직까지 5년 정도 더 일할 것으로 예상합니다. 이직 전 다녔던 회사에서 퇴직금을 받은 IRP 계좌가 있는데, 여기서 매년 1만 원씩이라도 인출해야 연금 수령 연차가 쌓이기 시작하고 퇴직소득세도 아낄 수 있다고 주변에서 많이 이야기합니다. 회사를 다니고 있어서 연금 인출은 생각하지도 않았는데, 벌써부터 연금을 인출할 필요가 있을까요?

연금은 빨리 개시할수록 유리!
퇴직소득세 감면율이 높아진다

조○○ 님은 2023년 다니던 회사를 퇴직했을 때 퇴직금 3,000만 원을 IRP 계좌로 받은 후 원금을 그대로 둔 상태다. 그리고 올해 만 55세가 되어 IRP 계좌의 연금 개시조건을 모두 충족했다. 여기서 잠깐! 퇴직금이 입금된 IRP 계좌는 가입기간 5년을 충족하지 않아도 될까? 맞다. 퇴직금을 받은 IRP 계좌의 경우 만 55세가 되면 자동으로 연금 개시조건을 충족한다. 따라서 조○○ 님은 지금 연금 개시를 신청하면 곧바로 인출할 수 있다. 이렇게 연금 개시조건을 충족했다면 하루라도 빨리 1년에 1만 원이라도 인출하는 것을 추천한다. 왜냐하면 퇴직소득세의 경우 실제 연금 수령 연차 10년 차까지는 30% 감면되고 11년 차부터는 40% 감면되기 때문이다.

IRP 계좌에서 1년에 1만 원씩 인출하면
세금은 단 253원!

그렇다면 조○○ 님이 IRP 계좌에서 퇴직금을 인출할 때 세금이 얼마인지 계산해보자. 먼저 퇴직소득세를 퇴직금으로 나누어 퇴직소득세 실효세율을 계산하면 된다. 조○○ 님의 경우 2023년 이전 직장에서 지급받은 퇴직금 3,000만 원에 대한 퇴직소득세(근속연수 5년)는 108만 3,500원이고 퇴직소득세 실효세율은 3.61%이다.[*]

> **퇴직소득세 실효세율**
>
> $$\frac{\text{퇴직소득세 108만 3,500원}}{\text{퇴직금 3,000만 원}} = 3.61\%$$

조○○ 님은 아직 소득이 있어서 연금을 많이 인출할 필요가 없으므로 IRP 계좌에서 1년에 1만 원만 인출해서 수령 연차를 쌓아가는 방법을 추천한다. 1만 원을 인출할 경우 퇴직소득세는 다음 계산식에 따라 253원만 내면 된다.

> ① 연간 인출금액 1만 원 × 3.61%(퇴직소득세 실효세율) = 361원
> ② IRP 계좌에서 퇴직금을 인출할 경우 10년 이내 30%의 퇴직소득세가 감면되어
> ③ 361원 × 70% = 253원의 퇴직소득세가 원천징수된 후 퇴직금이 지급된다.

---

[*]　퇴직소득세와 퇴직소득세 실효세율 계산방법에 대해서는 '실천마당' 10장(126쪽)을 참고한다.

IRP 계좌에서 연금 인출을 희망한다면?
연금 개시 신청 후 연금 수령방법을 선택할 것!

　IRP 계좌에서 1만 원을 인출하려면 어떻
게 해야 할까? 먼저 ① IRP 계좌에서 연금
개시를 신청하고 ② 연금 수령방법을 선택
해야 한다. 연금 수령방법은 확정기간형,
확정금액형, 비정기 방식(임의식)이 있다.

　조○○ 님은 매년 1만 원만 인출하면 되
므로 연금 수령방법은 비정기 방식(임의식),
인출금액은 연간 1만 원으로 설정하면 된
다. 이렇게 매년 1만 원씩 인출하다가 실
제 연금 수령 연차가 11년 차가 되었을 때 연금을 인출하면 퇴직소득세
40%를 감면받을 수 있다.

　조○○ 님이 만 55세부터 10년간 10만 원을 인출하면 퇴직금 원금 3,000
만 원에서 인출금액(1만 원×10년=10만 원)과 세금을 공제(253원×10년=2,530
원)한 2,989만 7,470원이 IRP 계좌에 남는다. 그리고 11년 차에 2,989만
7,470원의 퇴직금 전액을 인출할 경우 퇴직소득세는 2,989만 7,470원×
3.61%=107만 9,298원 중 40%를 감면받아 퇴직소득세 43만 1,719원(=107
만 9,298×40%)이 원천징수되고 나머지 퇴직금을 모두 인출할 수 있다.

원금 외 운용이익이 발생한다면 세금은?

이때 지난 10년 동안 퇴직금 원금 3,000만 원을 운용하면서 발생하는 **운용이익은 퇴직소득세 과세 대상 이익이 아닌 연금소득세 과세 대상이라는 것에 주의해야 한다.** 따라서 연 1,500만 원 안에서 인출하면 연금소득세 3.3~5.5%가 과세되고 연 1,500만 원을 초과하여 인출하면 종합과세 또는 분리과세(16.5%)를 선택해야 한다. 따라서 퇴직금이 입금된 IRP 계좌라도 운용이익에 대해서는 연금소득세가 적용된다는 사실을 꼭 기억하자.

연령에 따른 연금소득세율

연금 수령나이에 따라 연금소득세율이 다르므로 다음 사항을 꼭 고려해야 한다.

- 저율과세인 연금소득세 적용 상한선인 연 1,500만 원 안에서 인출할 것!
- 연 1,500만 원 초과인출하면 종합과세 또는 분리과세를 선택할 것!

■ **연금소득세율**(연 1,500만 원 이내, 연금 인출 나이에 따라 차등 적용)

연금 수령나이	연금소득세율
만 55세 이상~만 70세 미만	5.5%
만 70세 이상~만 80세 미만	4.4%
만 80세 이상	3.3%

결론 **연금 개시조건을 만족한다면 인출할 것!**
IRP 계좌의 퇴직소득세 감면은 퇴직금 원금에만 적용!
인출순서는? 퇴직금 원금 → 운용이익 순으로!

퇴직금이 입금된 IRP 계좌에는 퇴직금 원금과 운용이익이 혼합되어 있다. 조○○ 님도 원금 3,000만 원 외에 운용이익 300만 원이 더 있었다. 이 경우 향후 1년에 1만 원씩 인출해도 인출순서에 의해 퇴직금 원금이 먼저 인출된다. 그리고 연금 가입 10년 차까지는 퇴직소득세의 30%, 11년 차부터는 40% 감면받으면서 연금을 인출할 수 있다.

IRP 계좌에서 퇴직금 원금이 모두 인출되었으면 그다음에는 운용이익이 인출되기 시작하는데, 이때부터는 퇴직소득세가 아니라 연금소득세가 적용된다. 만약 여러 개의 연금저축을 보유하면서 동시에 연금을 개시하면 모든 연금저축 및 IRP 계좌에서 수령하는 납입액과 운용이익은 합산된다. 그리고 연 1,500만 원 이내 금액을 수령하면 저율의 연금소득세(3.3~5.5%)를 납부하고 연 1,500만 원을 초과하여 인출하면 종합과세나 분리과세를 선택해야 한다는 것을 잊지 말고 인출계획을 세워야 한다.

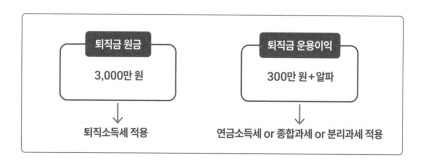

89

tip 연금 인출을 개시한 IRP 계좌는 신규 납입이 불가능하다?

연금 개시를 신청한 IRP 계좌에는 더 이상 연금을 신규 납입할 수 없다. 조○○ 님의 경우에도 이미 보유한 IRP 계좌에서 연금 개시 신청을 했으면 IRP 계좌에는 신규 자금을 납입할 수 없다. 따라서 재직기간 중 추가로 연금계좌를 통해 세액공제 혜택을 받으려면 신규로 IRP 계좌를 개설하거나(개인당 1개 이상 IRP 계좌 개설 가능) 연금저축을 활용해야 한다.

다음은 연금계좌에 있는 내 돈이 과세 대상인지, 아닌지 살펴보고 세금을 아끼는 방법을 설명한 동영상 강의로, 참고하면 좋다.

곤쌤 해결책

04

4,200만 원 연금 인출 시 세금을 최소한으로 내려면?

저는 은퇴 후 생활비로 매년 4,200만 원씩 수령하려고 합니다. 이 중 국민연금에서 연 1,200만 원을, 연금저축에서 연 3,000만 원을 수령한다고 가정한다면 세금은 얼마나 납부해야 할까요? 연금계좌(IRP, DC형, 연금저축)에서 1,500만 원 이상 수령하면 세금을 많이 내야 한다던데, 어떻게 하면 좋을까요?

연 1,500만 원 저율과세 연금소득세를 적용하는 소득원천은?
① 세액공제받은 납입액 + ② 운용수익

추○○ 님이 수령할 국민연금은 공적연금 간이세액표에 의해 세금을 원천징수한다. 하지만 연금저축과 IRP 계좌는 소득원천에 따라 꼬리표가 다른 세금이 부과된다. 대표적으로 재직 중 세액공제받지 않은 추가 납입 원금은 비과세이고 퇴직금 원금은 퇴직소득세, 재직 중 세액공제받은 금액과 운용이익은 연금소득세 과세 대상 소득이다.

그렇다면 흔히 말하는 연 1,500만 원의 기준 소득은 어떤 소득원천이 포함되는 것일까? 그것은 바로 연금소득세 과세 대상 소득인 '세액공제받은 납입액'과 '운용수익'이 인출될 때 적용된다. 다시 말해서 모든 연금계좌(IRP, 연금저축)에서 인출되는 금액을 합산하여 연 1,500만 원 기준을 적용하는데, 시뮬레이션을 통해 구체적인 적용 사례를 살펴보자.

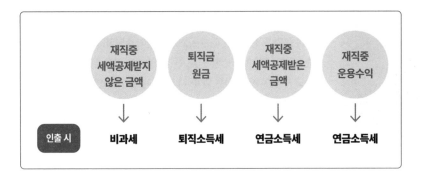

사례 1 **종합과세를 선택한 경우(사적연금에서 연 1,500만 원 초과 수령 시)**

추○○ 님이 생활비로 쓰려는 돈은 공적연금(국민연금) 연간 수령금액과 사적연금 연금 수령금액을 합산하여 연 4,200만 원이다.

---

① **연간 연금소득**

4,200만 원(공적연금 1,200만 원＋사적연금 3,000만 원)

연금소득금액을 계산하기 위해 연간 연금소득에서 연금소득공제를 차감하여 계산한다. 이때 연금소득공제 후 수령금액은 다음과 같이 계산한다.

---

② **연금소득공제 후 수령금액**

3,300만 원(연간 연금소득 4,200만 원－연금소득공제 연 900만 원)

■ **연금소득공제액(연 900만 원 한도)**

총연금액	공제액
350만 원 이하	총연금액 공제
350만 원 초과~700만 원 이하	350만 원＋(350만 원을 초과하는 금액의 40%)
700만 원 초과~1,400만 원 이하	490만 원＋(700만 원을 초과하는 금액의 20%)
1,400만 원 초과	**630만 원＋(1,400만 원을 초과하는 금액의 10%)**

①   **②**

> **연금소득공제 구하기**
> 총연금액 4,200만 원－① 1,400만 원＝2,800만 원×② 10%＋630만 원＝910만 원
> → 연금소득공제의 한도는 최대 연 900만 원이므로 C 씨의 경우 900만 원의 연금소득공제
> 가 적용된다. 따라서 연금소득금액은 4,200만 원－900만 원＝3,300만 원이다.

과세표준은 연금소득금액에서 종합소득공제를 차감하여 계산한다. 연금소득만 있는 경우 종합소득공제에서 적용받을 수 있는 항목은 사람에 대한 공제인 인적공제 항목으로, 부양가족이 없으면 본인에 대한 인적공제 150만 원을 적용받는다.

> **③ 과세표준**
> 연금소득금액 3,300만 원－종합소득공제 150만 원(본인만 인적 공제)
> ＝ **3,150만 원**

산출세액은 '과세표준×세율'로 계산한다. 우리나라의 소득세율은 8단계 누진세율 구조가 적용되어 과세표준이 3,150만 원의 경우 15%의 세율 구간이 적용된다. 여기에 정해진 누진공제액(126만 원)을 빼준다.

④ 산출세액

과세표준 3,150만 원 × 15% − 126만 원 = **346만 5,000원**

■ 소득세율

과세표준	세율−누진공제
1,400만 원 이하	과세표준 × 6%
1,400만 원 초과~5,000만 원 이하	과세표준 × 15% − 126만 원
5,000만 원 초과~8,800만 원 이하	과세표준 × 24% − 576만 원
8,800만 원 초과~1억 5,000만 원 이하	과세표준 × 35% − 1,544만 원
1억 5,000만 원 초과~3억 원 이하	과세표준 × 38% − 1,994만 원
3억 원 초과~5억 원 이하	과세표준 × 40% − 2,594만 원
5억 원 초과~10억 원 이하	과세표준 × 42% − 3,594만 원
10억 원 초과	과세표준 × 45% − 6,594만 원

　　결정세액은 세액을 결정하는 것으로, 산출세액에서 세액공제금액을 차감하여 계산한다. 연금소득만 있는 경우 세액공제는 표준세액공제 및 자녀 세액공제 등을 적용받을 수 있는데, 추○○ 님의 경우에는 표준세 액공제 7만 원을 적용받았다.

■ 추○○ 님의 결정세액

	사적연금 개시 나이	만 55세 초과~만 70세 이하	
	공적연금 연간 수령금액	1,200만 원	국민연금, 공무원연금, 사학연금, 별정우체국연금 등
	사적연금 연간 수령금액	3,000만 원	연금계좌의 세액공제를 받은 금액과 운용수익의 인출액이 연 1,500만 원 초과
=	① 연간 연금소득 합계	4,200만 원	
−	연금소득공제	900만 원	공제한도 900만 원
=	② 연금소득금액	3,300만 원	
−	종합소득공제	150만 원	인적공제 등
=	③ 과세표준	3,150만 원	종합소득금액 − 종합소득공제
=	④ 산출세액	346만 5,000원	과세표준 × 소득세율
−	세액공제	7만 원	표준세액공제, 자녀세액공제 등
=	⑤ 결정세액	339만 5,000원	산출세액 − 세액공제
−	공적연금 기납부세액	20만 8,800원	공적연금 간이세액표 참고 (1인 가구 가정 시 월 17,400원 원천징수)
−	사적연금 기납부세액	150만 원	만 55세~만 70세 5%, 만 70세~만 80세 4%, 만 80세 이상 3% 적용
=	⑥ 차감징수세액(납부할 세액)	168만 6,200원	지방소득세 10% 추가 발생

추○○ 님
표준세액공제 적용

⑤ 결정세액
산출세액 346만 5,000원 − 세액공제 7만 원 = **339만 5,000원**

차감징수세액은 최종으로 납부할 세금으로, 양수가 나오면 세금을 납부해야 하고 음수가 나오면 세금을 환급받는다. 기납부세액은 공적연금 및 사적연금을 수령할 때 원천징수한 세금의 합계액이다.

추○○ 님의 경우 종합과세를 선택했으므로 다음 연도에 종합소득세를 신고할 때 168만 6,200원의 세금을 추가로 납부해야 한다. 그리고 지방소득세 10%인 16만 8,620원도 추가 부담해야 한다.

> ⑥ **차감징수세액**
> 결정세액 339만 5,000원 – 기납부세액 170만 8,800원
> = **168만 6,200원**

사례 2 분리과세를 선택한 경우(사적연금에서 연 1,500만 원 초과 수령 시)

국민연금(1,200만 원)을 제외한 사적연금 수령금액(3,000만 원)에 대해 분리과세를 선택한 경우를 살펴보자. 사적연금 전액에 16.5%의 세율이 과세되므로 분리과세에 따른 세금은 3,000만 원×16.5%=495만 원(지방소득세 포함)이다. 여기에 공적연금에서 원천징수한 22만 9,680원(=208,800원+20,880원, 지방소득세 포함)을 합산하면 총 517만 9,680원의 세금을 부담하게 된다.

> 3,000만 원×16.5%=495만 원(지방소득세 포함)+22만 9,680원(공적연금 원천징수, 지방소득세 포함)= **517만 9,680원**

결론 **종합과세 vs 분리과세 선택 비교 사례 – 종합과세 승!**

추○○ 님의 경우 사적연금을 연 1,500만 원 이상 수령하면 종합과세
와 분리과세 중 하나를 선택할 수 있다. 이때 분리과세가 아닌 종합과세
를 선택해야 더 유리한 것으로 나타났다.

■ 종합과세와 분리과세의 비교

총 납부한 세금		차액
종합과세를 선택한 경우	분리과세를 선택한 경우	
373만 4,500원 (지방소득세 10% 포함)	517만 9,680원 (지방소득세 10% 포함)	분리과세를 선택하면 144만 5,180원 더 많다.

연금소득은 생활비다. 세금적인 측면만 고려하면 최대한 절세할 수
있는 연금 수령액만큼 수령하는 것이 좋지만, 생활비가 부족하다면 별
다른 방법이 없다. 이 경우 현실적으로는 세 부담이 증가해도 연금 수령
액을 늘려야 한다.

05

목돈 1억으로
평생 연금이 가능한가요?

곤쌤
해결책

저는 40대 후반으로, 현재 총 1억 원의 자금이 주식계좌에는 6,200만 원, 연금저축에는 1,800만 원, ISA 계좌에는 2,000만 원 납입되어 있습니다. 연 7~8% 정도의 배당금을 수령하고 생활자금으로 사용하려면 어떤 방식으로 월 배당 ETF 포트폴리오를 구성하면 좋을까요?

절세계좌를 활용해 월 배당 ETF로 배당금 받기
상품마다 목표 연 배당률은 1~20%까지 다양

연금계좌와 ISA에서 자금을 운용하는 방법은 《김범곤의 월 300만 원 평생연금》에서 자세히 다루었다. 원금은 그대로 두고 월 배당 ETF로 생활비를 인출하자는 전략이 핵심 내용인데, 이번에는 간단하게 월 배당 ETF 운용에 대해 살펴볼 것이다.

2024년 10월 기준 우리나라에 상장된 월 배당 ETF 종목은 87개이고 연 배당률은 적게는 1%부터 많게는 20%이다. 이때 확정 지급이 아니라 목표 분배율인 점에 주의해야 한다. 따라서 배당률은 변화가 생길 수 있으므로 월 배당 ETF를 매수해도 주기적으로 포트폴리오를 점검해야 한다.

월 배당 ETF도 위험자산, 안전자산과 함께
포트폴리오를 구성할 것!

월 배당 ETF로 포트폴리오를 구성하면 매월 배당금을 지급받을 수 있다고는 하지만, 사실 월 배당 ETF 종목은 모두 위험자산이다. 상담을 의뢰한 최○○ 님도 "채권은 안전자산 아니에요?"라고 질문하셨는데, 채권도 주식에 비해 안전하다는 의미지, 원금 손실이 없다는 의미에서는 안전자산이 아니라고 답했다. 따라서 일부는 위험 관리 차원에서 원금 손실 없는 안전자산으로 운용하고 나머지는 월 배당 ETF로 포트폴리오를 구성해야 한다.

투자성향 테스트 결과, 상담을 요청한 최○○ 님은 공격적인 투자성향으로 나왔다. 100% 가까이 월 배당 ETF에 투자하기를 원하셨지만, 40대 후반이고 포트폴리오를 다양화하는 차원에서 안전자산 비중은 30%, 위험자산 비중은 70%로 잡았다.

■ 최○○ 님의 위험자산+안전자산 비율

	매수 비중	연 예상 (수익)분배율	포트폴리오 연 예상 배당(수익)률
위험자산	70%	연 10.81%	연 7.57%
안전자산	30%	연 3.50%	

일반적으로 안전자산의 비중이 높아지면 가격 변동폭과 포트폴리오 예상 배당(수익)률이 낮아진다. 그리고 가격 변화는 예측할 수 없으므로 안전자산의 기대수익률과 위험자산의 목표 분배율을 혼합하여 예상 배

당(수익)률을 계산했다. 다시 한번 강조하지만 배당률은 언제든지 바뀔 수 있으므로 반드시 주기적으로 포트폴리오를 점검하고 리밸런싱해야 한다.

최〇〇 님의 안전자산+위험자산 투자 포트폴리오

최〇〇 님에게는 안전자산으로 은행 예금과 거의 비슷한 TIGER CD 금리투자KIS(합성)를 추천했다. 이제 연금저축, ISA, 주식계좌별로 안전자산 30%씩 확보한 셈이다.

■ **최〇〇 님의 안전자산 30% 투자 포트폴리오**

	종류	금융상품	비중	(연) 예상 금리	매수금액	예상 세전 이자소득
1	연금저축	TIGER CD금리 투자KIS(합성)	30%	–	540만 원	1년 후 약 105만 원
2	ISA		30%	–	600만 원	
3	주식 계좌		30%	–	1,860만 원	
			총합		3,000만 원	

최〇〇 님에게 위험자산으로는 101쪽의 표와 같이 월 배당 ETF 포트폴리오를 제안했다. 연 10%대 배당률을 희망한다면 커버드콜 상품이 필수인데, 커버드콜 상품의 구조를 알려면 '옵션(Option)'을 알아야 한다. 옵션은 미래의 특정 시점에 특정 자산을 정해진 가격으로 사고팔 수 있는 권리로, 콜옵션은 만기일 이전에 사는 권리, 풋옵션은 만기일 이전에 파는 권리다. 콜옵션을 매도해서 이 돈으로 월 분배금을 지불할 계획이다.

■ 최○○ 님의 위험자산 70% 월 배당 ETF 포트폴리오

	기초자산	ETF 종목	연금저축	ISA	주식계좌	합계
연금저축 + ISA + 주식계좌	1 커버드콜 (데일리 옵션)	ACE 미국500 15%프리미엄 분배(합성)*	151만 2,000원	168만 원	520만 8,000원	840만 원
	2 커버드콜 (데일리 옵션)	TIGER 미국나스닥100+15% 프리미엄초단기	151만 2,000원	168만 원	520만 8,000원	840만 원
	3 SCHD (배당 & 성장)	SOL 미국배당 다우존스(H)**	252만 원	280만 원	868만 원	1,400만 원
	4 커버드콜 (미국채+타깃 옵션)	KODEX 미국30 년국채+12% 프리미엄(합성 H)	378만 원	420만 원	1,302만 원	2,100만 원
	5 인컴 (미국 주식 ETF 5종목+채권 ETF 5종목)	ACE글로벌인컴 TOP10 SOLACTIVE	163만 8,000원	182만 원	564만 2,000원	910만 원
	6 인컴 (테슬라+옵션 30%+국내 채권 70%)	KODEX 테슬라 인컴프리미엄채권 혼합액티브	163만 8,000원	182만 원	564만 2,000원	910만 원
총합						7,000만 원

> 포트폴리오는 개인의 투자경험 및 위험성향을 기초로 만들어지므로 참고만 하자.

* ETF 종목에 '합성'이 있으면 운용사가 증권사 등과 거래를 통해 간접운용하는 ETF이다. 이 과정에서 발생하는 거래위험은 담보를 통해 관리한다.

** ETF 종목에 'H'가 있으면 환헷지가 되는 상품이어서 운용보수가 높아진다.

최○○ 님의 현금 예상 흐름

이렇게 안전자산 30%, 위험자산 70%를 운용할 경우 다음과 같이 연간 현금 흐름과 월간 현금 흐름이 나왔다. 1억 원을 운용하여 매출 71만 8,083원을 창출했다.

■ **최○○ 님의 연간 예상 현금 흐름**(이자 수입과 배당 수입)

	ETF 종목	매수금액	(연) 목표 배당률	1년 현금 흐름(세전)	매월 환산 현금 흐름(세전)
안전자산	안전자산	3,000만 원	연 3.50%	105만 원	8만 7,500원
위험자산	월 배당 ETF 포트폴리오	7,000만 원	연 10.81%	756만 7,000원	63만 583원
총합(세전금액)					**71만 8,083원**

목표 분배율이므로 실제 지급액과 차이가 발생할 수 있고 각 ETF의 가격 변화는 반영하지 않았다.

여러분도 자신의 나이와 투자성향에 따라 앞의 사례를 참고해서 월 배당 ETF 투자 포트폴리오를 짜보자.

월 배당 커버드콜 ETF 분석

필자가 운용하는 유튜브 채널 '김범곤의 연금수업(https://www.youtube.com/@bumgon 84)'에서 월 배당 커버드콜 ETF 상품분석을 계속 업데이트하고 있으므로 운용에 참고해 보자

1억 원 월 배당 ETF 포트폴리오 추천 사례

다음은 자산운용사에서 추천하는 월 배당 ETF 포트폴리오를 사례별로 구성한 동영상 강의로, 참고하면 좋다.

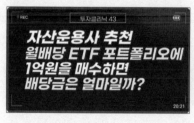

06

연금저축과 퇴직연금을 동시에 인출할 때 절세법은?

곤쌤
해결책

저는 3년 후 퇴직을 앞두고 있습니다. 현재 운용중인 연금저축과 IRP 계좌, 그리고 향후 퇴직할 때 수령하는 퇴직금 등 여러 개의 연금계좌가 있는데, 어떤 순서로 인출계획을 세워야 할까요? 생활비를 제대로 확보하기 위한 절세전략을 짜고 싶습니다.

연금계좌가 여러 개 있다면 소득원천별로 용도 구분 필요!

송○○ 님처럼 퇴직연금(DC형, IRP) 계좌와 연금저축펀드, 그리고 ISA 계좌를 보유한 상태에서 퇴직을 앞둔 분들이 의외로 많다. 이런 분들이 연금계좌 인출계획을 세울 때는 인출 시 과세/비과세를 구분하기 위해 각 연금계좌의 소득원천을 점검해야 한다. 다음은 송○○ 님이 보유한 연금계좌의 소득원천을 정리한 내역이다.

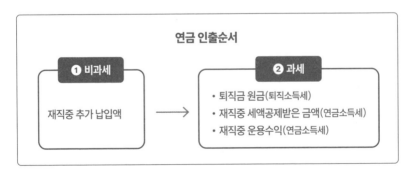

연금 인출순서

❶ 비과세

재직중 추가 납입액

❷ 과세

· 퇴직금 원금(퇴직소득세)
· 재직중 세액공제받은 금액(연금소득세)
· 재직중 운용수익(연금소득세)

■ 소득원천 정리 ① – 연금저축펀드

인출순서	소득원천	금액	과세 여부
1	세액공제 미적용 금액	추가 납입금(확인 필요)	비과세
2	퇴직금 원금	2억 원	퇴직소득세
3	세액공제 적용 금액	600만 원	연금소득세 or 종합소득세
4	운용이익	150만 1,331원	연금소득세 or 종합소득세

■ 소득원천 정리 ② – IRP 계좌 I

인출순서	소득원천	금액	과세 여부
1	세액공제 미적용 금액	추가 납입금(확인 필요)	비과세
2	퇴직금 원금	1,125만 5,003원	퇴직소득세
3	세액공제 적용 금액	1,734만 원	연금소득세 or 종합소득세
4	운용이익	1,494만 2,421원	연금소득세 or 종합소득세

■ 소득원천 정리 ③ – IRP 계좌 II

인출순서	소득원천	금액	과세 여부
1	세액공제 미적용 금액	추가 납입금(확인 필요)	비과세
2	퇴직금 원금	1,201만 4,360원	퇴직소득세
3	세액공제 적용 금액	600만 원	연금소득세 or 종합소득세
4	운용이익	571만 3,106원	연금소득세 or 종합소득세

각 계좌별로 소득원천을 정리했다면 이번에는 인출순서를 따질 차례다. 인출순서는 비과세 소득원천이 먼저이고, 과세 소득원천 중 분류과세* 여부 및 연금소득세와 종합과세 여부를 따지는 게 기준점이다.

---

*   **분류과세와 분리과세**: 종합소득세, 퇴직소득세, 양도소득세는 합산하지 않고 분류해서 과세한다고 해서 '분류과세'라고 표현한다. 그리고 '분리과세'는 발생하는 소득을 종합소득세에 합산하지 않고 별도로 분리해서 과세한다.

인출순서 1단계		인출순서 2단계		인출순서 3단계
세액공제 미적용 금액 (비과세)	→	퇴직금 원금 (퇴직소득세 분류과세 – 연금계좌 인출 시 퇴직 소득세 30~40% 감면)	→	세액공제받은 금액과 운용이익 (연금소득세 or 종합소득세)

`인출순서 1단계` 세액공제 미적용 금액

세액공제 미적용 금액은 비과세로, 세금이 없고 연금 수령한도에도 영향을 받지 않으므로 자유롭게 인출할 수 있다. 하지만 오히려 세금이 없으므로 먼저 인출하지 말고 비상금처럼 활용하는 방법도 추천한다. 다만 세액공제를 적용받지 않은 추가 납입액은 인출순서 중 가장 먼저 빠져나오므로 하나의 연금계좌에 모여있는 게 좋다.

`인출순서 2단계` 퇴직금 원금

퇴직금을 IRP 계좌로 지급받으면 퇴직금 원금이 연금계좌의 소득원천에 포함된다. 퇴직금 원금은 연금 인출한도 안에서 조금 자유롭게 인출할 수 있는 편이다. 왜냐하면 **퇴직소득세는 다른 소득과 합산 없이 분류과세되어 건강보험료에 적용되지 않고 IRP 계좌에서 연금 인출한도만큼 인출한 경우에는 퇴직소득세가 30%(11년 차부터 40%) 감면되기 때문이다. 또한 인출한도를 초과하여 인출해도 종합소득세가 아닌 퇴직소득세가 과세되므로 세금 부담이 적다.** 따라서 퇴직 후 초반에 연 1,500만 원 이상 인출하려면 퇴직금 원금에서 먼저 인출계획을 세우는 게 좋다.

인출순서 3단계 세액공제받은 금액과 운용이익

송○○ 님이 회사생활을 하면서 납입한 개인 부담금은 납입 연도에 연말정산으로 세액공제받았으므로 인출 시 세금이 과세된다. 먼저 세금을 최대한 절세하려면 연금 수령한도 안에서 인출해야 하는데, **연 1,500만 원을 넘지 않으면 연금소득세 저율과세 연 3.3~5.5%를 적용받을 수 있다.** 그리고 동시에 여러 계좌에서 세액공제받은 금액과 운용이익을 인출할 경우에는 모두 합산하여 연 1,500만 원 기준을 적용하고 초과인출하면 종합소득세나 16.5%의 분리과세가 적용되어 세금도 증가한다.

■ **연금소득세율(연 1,500만 원 이내, 연금 인출 나이에 따라 차등 적용)**

연금 수령나이	연금소득세율
만 55세 이상~만 70세 미만	5.5%
만 70세 이상~만 80세 미만	4.4%
만 80세 이상	3.3%

인출할 때 헷갈리지 않게 용도별로 계좌 구분할 것!
① 세액공제 안 받은 계좌, ② 퇴직금 받은 계좌, ③ 세액공제받은 계좌

송○○ 님처럼 연금계좌의 종류가 많다면 소득원천별로 용도를 구분하여 보유하는 게 좋다. 예를 들어 ① 세액공제 안 받은 납입액이 입금된 계좌, ② 퇴직금을 지급받은 계좌, ③ 세액공제받은 납입액이 입금된 계좌로 나눠 돈뭉치를 관리해야 한다. 왜냐하면 소득원천에 따라, 그리고 인출했을 때 세금이 적용되는 기준이 다르기 때문이다.

퇴직 후 '연 1,500만 원 초과' 연금액을 인출하려면?

조합1 **퇴직금을 지급받은 계좌+세액공제 안 받은 추가 납입액이 입금된 계좌**

퇴직 후 연 1,500만 원을 초과하는 연금액을 인출해야 할 때 이 조합을 권장한다. 연금을 인출하기 전에는 먼저 연금 수령한도 금액을 계산하여 체크해야 한다. 만약 연금 수령한도 이내 금액으로 충분히 생활할수 있다면 연금 수령한도 이내 금액까지만 인출하면 된다. 하지만 연금 수령한도를 초과해서 인출해야 한다면 연금 수령한도까지는 퇴직금 원금이 입금된 계좌에서 인출하고(퇴직소득세 30~40% 감면) 부족분은 세액공제 안 받은 추가 납입액이 입금된 계좌에서 인출해야 세금을 가장 절세할 수 있다.

퇴직 후 '연 1,500만 원 이내' 연금액을 인출하려면?

조합2 **세액공제받은 납입액이 입금된 계좌+세액공제 안 받은 추가 납입액이 입금된 계좌**

퇴직 후 초반에 연 1,500만 원 이내 금액으로 충분히 생활할 수 있다면 세액공제받은 납입액이 입금된 계좌를 가장 먼저 인출할 것을 권장한다. 왜냐하면 세액공제받은 납입액은 인출할 때 과세 대상인데, 저율 과세인 연금소득세 과세 기준을 충족하려면 최소 연 1,500만 원 이내 금액을 인출해야 하기 때문이다. 그리고 경우에 따라서 더 많은 연금액을 인출해야 한다면 세액공제 안 받은 납입액이 들어있는 연금계좌(비과세)나 퇴직금이 입금된 계좌(퇴직소득세 30~40% 감면)에서 추가로 인출하는 것이 좋다. 그러면 연금소득세 저율과세를 유지하면서 필요한 자금을 인출할 수 있다.

IRP에서 하루라도 빨리 퇴직소득세를 40% 최대치로 절세하고 연금 수령한도도 높이려면?

퇴직금이 입금된 IRP 계좌에서 실제 연금 수령 연차를 빨리 카운팅할수록 퇴직소득세 절세율도 30%(10년 차까지)에서 40%(11년 차부터)까지 최대치로 앞당길 수 있고 연금 수령한도도 더 빨리 높일 수 있다. 따라서 연금 개시 및 인출순서와 무관하게 일단 만 55세가 되면 (IRP 계좌에서) 연간 1만 원씩 인출하자. 이렇게 연 1만 원씩 10년을 인출하다가 실제 수령 연차가 11년 차가 되면 퇴직금 원금에 대한 퇴직소득세를 40%로 절세하면서 모두 인출할 수 있다.[*]

$$연금\ 수령한도 = \frac{연금계좌\ 평가금액(연금\ 개시\ 이후는\ 매년\ 1월\ 1일\ 평가금액)}{11 - 연금\ 수령\ 연차} \times 120\%$$

송○○ 님은 현재 IRP 계좌와 연금저축펀드 등 총 5개의 연금계좌를, 배우자는 연금저축펀드 1개를 보유하고 있다. 송○○님은 각 계좌를 소득원천별로 정리하고 속성이 비슷한 자금은 연금계좌이전제도를 활용

---

[*]   연금 수령한도와 연금 수령 연차에 대해서는 '준비마당'의 4장(41쪽)을 참고한다.

하여 통합운용하는 것이 좋다고 판단했다. 그 결과, 퇴직 전까지는 연금
계좌를 통틀어 연 1,800만 원 최대 상한액을 납입하여 세액공제 혜택(연
900만 원)을 적용받고 ISA 계좌의 만기자금은 추후 연금계좌로 이전하여
노후 소득을 확보하는 용도로 활용하는 방법을 추천했다.

 2028년 퇴직 전까지 연금계좌로 금융 자산을 이전해주세요!
(연금계좌 연 1,800만 원+ISA 계좌 만기자금을 연금계좌로 이전)

	남편		배우자
1번 계좌 (2028년 8월 17일 이후 연금 개시)	IRP 계좌 → 세액공제 적용 계좌 용도		
2번 계좌 (현재 연금 개시 중)	연금저축펀드 → 퇴직금 등 혼합 계좌	1번 계좌 (2028년 이후 연금 개시)	연금저축펀드 → 2028년 이후 연금 개시 → 세액공제 미적용 계좌 용도 → ISA 계좌 만기자금 이전
3번+5번 계좌 통합운용 (2028년 이후 연금 개시)	연금저축펀드 → 5번 계좌를 3번 계좌로 이전 → 퇴직금 등 혼합 계좌		
4번 계좌 (2028년 이후 연금 개시)	연금저축펀드 → 세액공제 미적용 계좌 용도 → ISA 계좌 만기자금 이전		

　　연금 개시 후 인출은 퇴직시점까지 시간적 여유가 있다. 따라서 각
연금계좌의 소득원천과 인출순서 등을 정리하여 필요한 자금의 규모에
맞게 인출순서를 정하도록 안내했다.

■ 송○○ 님의 연금 계좌 인출 현황

계좌 순번	3순위 인출 (여유자금 인출) 세액공제 미적용	2순위 인출 (부족분 인출) 퇴직금 원금	1순위 인출 (세액공제 미적용 금액이 없는 계좌 먼저 인출) 세액공제	운용이익
1번(IRP 계좌)		–		
2번(연금저축펀드)		○		
3번(연금저축펀드)	연금 개시 전 확정	○	○	○
4번(연금저축펀드)		–		
5번(연금저축펀드)		–		

　연금 개시 후 개인의 상황에 따라 인출방법이 다양하고 연금계좌의 소득원천과 운용 스타일에 따라 결과가 다를 수밖에 없다. 따라서 어떤 인출방법이 무조건 유리하다는 정답이 없으므로 스스로 선택하기 어렵다면 꼭 전문가의 도움을 받는 것이 좋다.

tip 연금계좌에서 연 1,500만 원 전후로 인출할 때의 세금 변화

다음은 연금계좌(연금저축, IRP)에서 연 1,500만 원 전후로 인출할 때 어떻게 과세되는지 설명한 동영상 강의다. 연금저축이 2개일 때 연금 수령한도도 추가 설명하므로 참고하면 좋다.

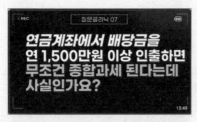

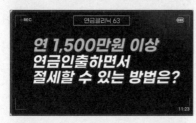

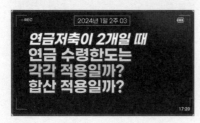

07

건강보험료와 금융소득 종합과세를 최소화하려면?

저는 퇴직 후 연금생활자로 살고 있습니다. 연금 수령금액이 많지 않아 건강보험료가 부담스러운데, 건강보험 피부양자로 등록하려면 소득이 2,000만 원을 초과하지 않아야 한다고 들었습니다. 현재 상황에서 자녀에게 피부양자로 등록할 방법이 있을까요?

곤쌤
해결책

건강보험 피부양자로 등록하려면?
절세계좌 활용해 금융소득 줄이기가 최선!

오○○ 님은 건강보험료가 부담스러워서 자녀에게 피부양자로 등록되기를 희망하셨다. 퇴직 후 건강보험 피부양자로 등록되기 위한 소득 기준은 2022년 9월분 건강보험료부터 연 3,400만 원에서 현재 연 2,000만 원으로 감소되었다. 피부양자 탈락 기준은 다음과 같다.

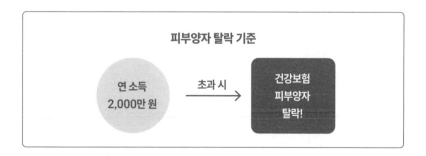

피부양자 탈락 기준

연 소득
2,000만 원 →(초과 시)→ 건강보험 피부양자 탈락!

■ 건강보험료 피부양자 탈락 기준

소득 구분	다음의 연 소득이 연 2,000만 원 초과할 경우 피부양자 탈락	오○○ 님의 현재 발생소득	
		오○○ 님	배우자
사업소득	사업소득이 1원이라도 발생하면 탈락	×	×
미등록 사업소득	연 500만 원 초과할 경우 탈락	×	×
금융소득	**연 1,000만 원 초과할 경우 전액 연 소득에 반영**	○	○
연금소득	공적연금(국민연금, 공무원연금, 사학연금) 소득 100% 반영	○	×
근로소득	세전소득 100% 반영	×	×
기타소득	필요 경비(60~80%) 반영 후 합산	×	×
재산 기준	소득 1,000만 원 초과+재산세 과세표준 5억 4,000만 원 초과	×	×

소득 중 유일하게 통제 가능

위와 같은 기준을 적용하면 오○○ 님이 자녀에게 피부양자로 등록되기는 어려우므로 금융소득부터 줄이라고 조언했다. 여러 가지 소득 중에서 유일하게 금융소득은 통제할 수 있기 때문이다.

금융소득의 경우 1,000만 원이 기준 소득이다. 그래서 건강보험료를 산정할 때 금융소득이 999만 원인 경우는 0원으로 반영되지만, 1,001만 원이면 1,001만 원 전액 모두 금융소득으로 잡힌다. 만약 1,000만 원을 초과하는 금융소득이 발생했거나 발생할 것 같다면 금융소득을 최대한 절세계좌로 이전하여 세금 부담을 줄이는 것이 중요하다.

절세계좌의 이자 배당소득은 건강보험료에 적용 ×

오○○ 님은 다음과 같은 질문을 하셨는데, 이런 질문을 하는 분들이 많다.

"절세계좌에서 발생하는 이자 배당소득도 건강보험료에 포함되나요?"

건강보험료에 영향을 미치는 이자소득과 배당소득은 15.4%가 과세되는 소득이다. 반면 절세계좌인 ISA 계좌나 연금계좌, 그리고 만 65세 이상 비과세 종합저축, 조합원 예탁금과 출자금에서 발생하는 금융소득은 건강보험료가 산정되는 금융소득에 포함되지 않는다.

가급적 금융자산을 절세계좌로 이전할 것!

건강보험료는 죽을 때까지 납부하는 세금이다. 따라서 일반 계좌에 흩어져있는 금융자산을 절세금융상품으로 이전하는 데 상당한 시간이 필요하지만, 시간이 걸려도 절세계좌로 이전하는 것이 좋다.

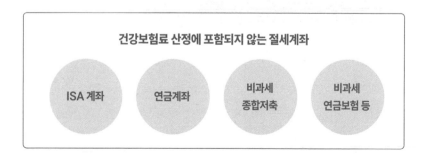

건강보험료 산정에 포함되지 않는 절세계좌

| ISA 계좌 | 연금계좌 | 비과세 종합저축 | 비과세 연금보험 등 |

■ 오○○ 님을 위한 절세계좌 금융자산 5개년 이전 플랜

	1년	2년	3년	4년	5년
ISA 계좌	2,000만 원	2,000만 원	2,000만 원	2,000만 원	2,000만 원
연금저축펀드	1,800만 원	1,800만 원	1,800만 원	1,800만 원	1,800만 원
총합	3,800만 원	3,800만 원	3,800만 원	3,800만 원	3,800만 원
비고	5년 동안 ISA 계좌에서 연금저축펀드로 1억 원을 이전하면 총 1억 9,000만 원(ISA 계좌 1억 원＋연금저축펀드 9,000만 원)의 연금자산을 확보할 수 있다.				

• 위험자산(주식과 랩 등)을 매도한 후 ISA 계좌와 연금저축펀드 납입한도만큼 이전한다.

• ISA 계좌의 납입금액을 3년마다 연금저축펀드로 옮겨서 일정 수익을 비과세받는 것보다 **5년(최대 1억 원)
납입한도를 모두 채운 후 연금저축펀드로 이전하는 방법**이 관리하는 데 더 유용할 것으로 보인다.

 건강보험료를 줄이는 최고의 방법 – 피부양자로 등록!

연 소득 2,000만 원 이하이면 자녀에게 건강보험 피부양자로 등록할 수 있다. 건강보험
료를 줄이는 최고의 방법은 피부양자로 등록하는 것인데, 이것에 대한 동영상 강의를 참
고하면 좋다.

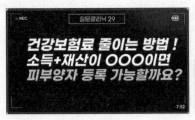

08

금융소득 종합과세자는
ISA 가입을 못한다고요?

곤쌤 해결책

저는 40대 초반으로, 세전 총급여 6,000만 원을 받는 회사원이며 조기 은퇴를 꿈꾸고 있습니다. 올해 투자로 인한 예상 배당소득이 3,000만 원 발생할 것 같아서 금융소득 종합과세를 신고해야 하는데, 세금이 얼마나 나올까요? 그리고 나중에 연금만으로 생활할 때 얼마나 더 세금을 내야 할까요?

금융소득 종합과세, 건강보험료＋소득세와 연관!
처음부터 절세계좌를 활용했더라면?(ISA 계좌＋연금계좌)

최근 예금이나 적금 대신 미국 주식에 투자해 배당소득이 높아지면서 금융소득 종합과세자가 되는 직장인들이 많은데, 정○○ 님도 마찬가지다. 금융자산 2억 7,000만 원으로 연 3,000만 원 배당을 받은 것이다. 금융소득 종합과세자가 되면 건강보험료와 소득세가 증가한다. 게다가 금융소득 종합과세자이기에 ISA 계좌에 가입할 수도 없고 만기 연장도 할 수 없다. 그래서 이왕이면 금융소득 종합과세자가 되지 않도록 절세계좌인 연금계좌와 ISA 계좌를 활용하는 게 좋다. 다시 말해서 가급적 절세계좌 안에서 이자소득과 배당소득이 발생하도록 해야 한다.

■ 배당소득 3,000만 원 발생 시 예상 건강보험료

금융소득	구분	부과 기준	건강보험료율 (연 7.09%)	장기요양보험료율 (건보료 대비 연12.95%)
배당금 3,000만 원	직장 가입자	보수 외 소득 2,000만 원을 초과할 경우 초과액에만 부과	연 70만 9,000원	연 9만 1,815.5원
	지역 가입자	금융소득 1,000만 원을 초과할 경우 전액 부과	연 212만 7,000원	연 27만 5,446.5원

명의분산도 대안!
부부간 6억까지 비과세 증여 가능

정○○ 님은 이미 금융소득 종합과세자가 된 상태다. 이 경우 부부간 증여를 활용하면 어떨까? 부부간에는 6억 원까지 세금 없이 현금 증여할 수 있으므로 부부간에 증여한 후 금융자산의 명의를 분산해보자. 그러면 금융소득 종합과세를 절세할 수 있는 좋은 방법이 될 수 있다.

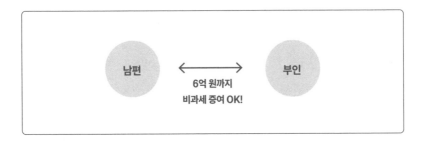

금융소득 종합과세 금액을 계산하려면 종합소득공제 금액과 세액공제 금액을 알아야 한다. 관련 정보는 근로소득 및 사업소득 원천징수영수증을 통해서 확인할 수 있다.

■ 정○○ 님의 금융소득 종합과세 계산 사례

금융소득 종합과세 계산 로직		세부 사항
근로소득금액	4,725만 원	근로소득, 사업소득 등 종합과세 대상 소득 (근로소득공제 등 필요 경비 차감)
+ 이자소득	0원	예금, 적금, 채권투자에서 발생한 이자소득 등
+ 배당소득(Gross-up 미적용)	3,000만 원	펀드(ETF)+해외 주식에서 발생한 배당소득 등
+ 배당소득(Gross-up 적용)	0원	국내 주식에서 발생한 배당소득 등
+ 그로스업(Gross-up)	0원	Min(① 금융소득-2,000만 원, ② Gross-up 배당소득)
- 종합소득공제	872만 2,624원	원천징수영수증에서 확인 (직전 연도 원천징수와 같다고 가정)
= 과세표준	685만 7,376원	종합소득금액-종합소득공제
× 종합과세 방식 산출세액 ①	881만 9,106원	(과세표준-2,000만 원)×세율+(2,000만 원×14%) → (68,527,376원-20,000,000원)×15%-1,260,000원 +(20,000,000원×14%)=48,527,376원×15% -1,260,000원+(20,000,000원×14%) =6,019,106원+(20,000,000원×14%)=8,819,106원
× 분리과세 방식 산출세액 ②	871만 9,106원	(과세표준-금융소득금액)×세율+(금융소득×14%) → (68,527,376원-30,000,000원)×15%-1,260,000원 +(30,000,000원×14%)=38,527,376원×15% -1,260,000원+(30,000,000원×14%) =4,519,106원+(30,000,000원×14%)=8,719,106원
= 산출세액 Max(①, ②)	**881만 9,106원**	Max(① 종합과세 방식에 의한 산출세액, ② 분리과세 방식에 의한 산출세액)
- 세액공제	890만 13원	원천징수영수증에서 확인(직전 연도 원천징수와 같다고 가정)
- 배당세액공제	0원	Min(① 종합과세 방식-분리과세 방식, ② Gross-up)
= 결정세액	792만 9,093원	산출세액 Max-세액공제
- 기납부세액	142만 4,730원	원천징수영수증에서 확인(직전 연도 원천징수와 같다고 가정)
- 금융소득 기납부세액	420만 원	(국내 금융소득×14%)/미국 금융소득 15%(원천징수세율)
= 차감징수세액(납부할 세액)	**230만 4,363원**	지방소득세 10% 추가로 발생

앞의 사례의 경우 금융소득 종합과세를 포함하기 전에 차감하여 징수할 세액은 161만 9,070원이었다. 그런데 연 3,000만 원의 배당소득을 받은 후 금융소득 종합과세가 적용되어 230만 4,363원으로 약 68만 5,293원의 세금이 증가하면서 건강보험료가 연 80만 816원 추가로 발생했다. 따라서 처음부터 금융소득 종합과세자가 되지 않도록 절세계좌를 활용하고 명의를 분산하는 방법을 고려해보자.

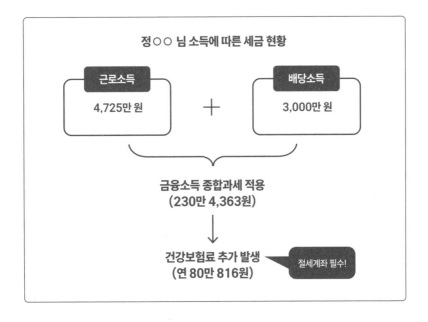

금융소득 종합과세 셀프 계산하기

다음은 금융소득 종합과세 계산법에 대한 동영상 강의로, 스스로 세금을 계산할 수 있도록 순차적으로 정리한 것이다.

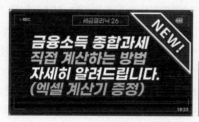

엑셀 계산기는 필자가 운영하는 '김범곤 연금연구소' 네이버 카페(https://cafe.naver.com/passfinance)에 가입한 후 다운로드할 수 있다.

금융소득 종합과세 계산표		세부사항
종합소득금액(근로+사업소득 등)	26,782,377	◀ 근로소득금액 + 사업소득금액 등 종합과세대상 소득의 합계
이자소득	0	◀ 예금, 적금, 채권투자자에 발생한 이자소득 등
배당소득(Gross-up 미적용)	0	◀ 펀드(ELS) + 해외주식에서 발생한 배당소득 등
배당소득(Gross-up 적용)	35,000,000	◀ 국내주식에서 발생한 배당소득 등
그로스업(Gross-up)	1,650,000	◀ Min(금융소득−2,000만원, Gross-up소득)
종합소득금액	16,000,000	◀ 원천징수 대상소득의 확인 (직전연도 원천징수율 중립된다고 가정)
과세표준	47,432,377	◀ 종합소득금액−종합소득공제
종합과세방식 산출세액 ①	2,800,000	◀ (2,000만원 X 14%) + (과세표준 − 2,000만원) X 세율
	27,432,377	
	2,854,856	
	5,854,856	
분리과세방식 산출세액 ②	4,900,000	◀ (금융소득 X 14%) + (과세표준 − 금융소득금액) X 세율
	10,782,377	
	646,942	
	5,546,942	
산출세액 MAX(①,②)	5,654,856	◀ Max(종합과세방식에 의한 산출세액, 분리과세방식에 의한 산출세액)
세액공제	640,000	◀ 원천징수 대상소득의 확인 (직전연도 원천징수율 중립된다고 가정)
배당세액공제	107,914	◀ Min(산출세액−분리과세방식에 의한 산출세액, Gross-up소득)
결정세액	4,906,942	
기납부세액		◀ 원천징수 대상소득의 확인 (직전연도 원천징수율 중립된다고 가정)
금융소득 기납부세액	4,900,000	◀ 금융소득 X 14%
자진납부세액(납부할세액)	6,942	◀ 기납부세액 10% 추가로 발생

09

퇴직금을 중간 정산하면
세액정산 특례가 가능한가요?

곤쌤
해결책

저는 50대로, 근속연수 25년 차 월급쟁이입니다. 2013년 3월 이전에 퇴직연금에 가입했고 퇴직소득세 세액정산 특례 대상자라는 이야기를 들었습니다. 과거 퇴직금을 중간 정산한 이력이 있으며, 중간 정산 이후 예상 퇴직금은 5억 원이고 근속연수는 6년이 남아있습니다. 정년퇴임을 해서 중간 정산한 퇴직금까지 모두 합산하면 총 예상 퇴직금은 8억 9,343만 5,000원입니다. 이 경우 퇴직소득세를 절세하기 위해 세액정산 특례를 어떻게 활용하는 게 좋을까요?

퇴직금 중간 정산 시 주의!
인출한 날부터 근속연수 기산일 새로 적용!

근속연수가 길수록 공제금액이 커지므로 퇴직소득세를 절세하려면 근속연수가 중요하다. 상담을 요청한 신○○ 님은 퇴직금 중간 정산자로, 2013년 3월 이전에 퇴직연금에 가입하여 세액정산 특례 적용을 받지만, 세액정산 특례 적용을 선택할지의 기로에 서 있었다. 게다가 퇴직금을 중간 정산한 경우 향후 퇴직할 때 적용되는 근속연수는 입사일로부터 퇴직일까지가 아니라 중도인출한 날로부터 적용된다. 예를 들어 총 근속연수가 20년이어도 10년 전 퇴직금을 중간 정산하고 올해 퇴직한 경우 퇴직소득세를 계산할 때 근속연수는 10년이 적용된다.

■ 근속연수 공제금액(2023년 1월 1일 이후 퇴직한 경우)

근속연수	공제금액
5년 이하	100만 원×근속연수
5년 초과~10년 이하	500만 원+200만 원×(근속연수−5년)
10년 초과~20년 이하	1,500만 원+250만 원×(근속연수−10년)
20년 초과	4,000만 원+300만 원×(근속연수−20년)

신 ○○ 님의 공제금액

■ 근속연수에 따른 근속연수 공제금액 비교

	근속연수 공제금액	차액
근속연수 20년	1,500만 원+250만 원×(20년−10년)=4,000만 원	2,500만 원
근속연수 10년	500만 원+200만 원×(10년−5년)=1,500만 원	

근속연수를 공제할 때 퇴직소득 세액정산 특례를 활용하는 것이 유리하다고 볼 수도 있다. 하지만 세액정산 특례를 활용하면 과거 중간에 정산한 퇴직금을 합산하여 다시 퇴직소득세를 계산해야 하므로 결과적으로 퇴직금 합산에 따른 세율이 증가할 수 있다는 것에 주의해야 한다. 따라서 세액정산 특례가 유리한지의 여부를 직접 비교해서 결정해야 한다.

퇴직금 총액이 많아지면 퇴직소득세 증가!
세액정산 특례가 유리한지 비교 판단 필수!

신○○ 님의 사례는 124쪽의 표와 같이 중간 정산할 때 퇴직소득세가 2,176만 8,944원을 초과한 경우에는 세액정산 특례가 유리하고, 미만인 경우에는 세액정산 특례 없이 퇴직소득세를 부담하는 게 유리하다고 판단할 수 있다. 126쪽 10장에 나온 김○○ 님의 사례를 참고해서 퇴직소득세 실효세율(퇴직금과 근속연수에 따라 적용)을 구해보고 중간 정산할 때 퇴직소득세가 2,176만 8,944원 미만이라면 정년퇴임할 때 세액정산 특례를 적용받는 게 좋다.

■ **퇴직소득 세액정산 적용 vs 미적용 시 퇴직소득세 비교**

	퇴직소득 세액정산 적용	퇴직소득 세액정산 미적용	차액
세전 퇴직소득	8억 9,343만 5,000원	5억 원	
근속연수	25년	6년	
예상 퇴직소득세(지방세 제외)	약 1억 2,858만 원	약 1억 681만 2,000원	2,176만 8,944원

퇴직소득 세액정산이 유리한 경우는

과거 퇴직소득 중간 정산 때 납부한 퇴직소득세의 합계가 **약 2,176만 8,944원**을 초과한 경우이다.

(퇴직소득은 원천징수영수증을 발급하여 확인할 것!)

tip 퇴직금 중간 정산 후 퇴직소득세를 줄이는 방법

다음은 퇴직금을 중간 정산하거나 중도인출한 후 퇴직소득세를 줄이는 방법을 설명한 동영상 강의로, 다양한 사례가 언급되어 있으니 참고하면 좋다.

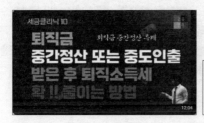

추가로 2023년 이후 퇴직소득세 계산법의 개정 내용을 동영상 강의로 정리했다. 이전과 달리 긍정적으로 개선되었으므로 일시금 수령을 고민하고 있다면 도움이 될 것이다.

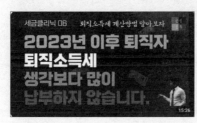

10

퇴직금 20억 중 10억을 인출하면 세금은 얼마인가요?

곤쌤
해결책

저는 50대 후반으로, 조만간 정년퇴직을 앞두고 있습니다. 근속연수는 30년이고 20억 원의 퇴직금을 받을 예정입니다. 20억 원을 IRP 계좌로 받은 후 10억 원은 인출하고 10억 원은 연금으로 수령할 수 있을까요? 이때 세금은 얼마나 내야 할까요?

넘사벽 고액 연봉자의 행복한 고민
10억은 부분 인출, 10억은 연금 수령 희망

필자에게 연금을 상담하러 오시는 분들 중에는 고액 연봉을 받는 대기업 임원분들이 종종 등장한다. 상담자로 만난 김○○ 님은 한 기업에 30년 가까이 근속하셨고 20억 원의 퇴직금을 받을 예정이라 하셨다.

우선 20억 원을 IRP 계좌로 받은 후 이 중 10억 원은 목돈으로 인출하고 나머지 10억 원은 연금 수령을 하고 싶어 하시는데, 이 경우 세금은 총 얼마일까?

IRP 계좌의 부분 인출은 불가능!
"혹시 중도인출 인정 사유가 있나요?"

퇴직금을 IRP 계좌로 받은 후 연금 개시 전에 일부 금액만 인출하는 것은 어렵다. IRP 계좌에 입금되면 연금 용도로 사용하기를 권장하기 때문이다. 따라서 공식적으로 인정하는 중도인출 사유가 아닐 경우 부분 인출을 하려면 결국 IRP 계좌를 해지한 후 전부 인출해야 한다. 이 경우 퇴직소득세는 감면 없이 100% 과세되므로 다음과 같은 중도인출 인정 사유가 있는지 물어보았다. 만약 중도인출 인정 사유에 해당한다면 연금 개시 전이라도 중도인출할 수 있다.

퇴직연금 중도인출 인정 사유

☑ 무주택자인 근로자가 본인 명의로 주택을 구입하는 경우
☑ 무주택자인 근로자가 주거를 목적으로 전세금(보증금)을 부담하는 경우
☑ 근로자나 근로자의 배우자 또는 부양가족이 6개월 이상 요양하는 경우
☑ 신청일로부터 거꾸로 계산하여 5년 이내 근로자가 '채무자 회생 및 파산에 관한 법률'에 따라 파산선고를 받은 경우
☑ 신청일로부터 거꾸로 계산하여 5년 이내 근로자가 '채무자 회생 및 파산에 관한 법률'에 따라 개인 회생 절차 개시 결정을 받은 경우
☑ 고용주가 기존의 정년을 연장하거나 보장하는 조건으로 단체협약 및 취업규칙 등을 통해 일정한 나이, 근속시점 또는 임금액을 기준으로 임금을 줄이는 제도를 시행하는 경우

중도인출 인정 사유에 해당하지 않는다면?
다행히 비정기 방식으로 인출 가능한 증권사 IRP에 가입!
10억 중 연금 수령한도까지만 세금 감면 OK!

김○○ 님은 중도인출 인정 사유에 해당하지 않아서 부분 인출을 포기했다. 대신 연금 수령한도까지는 퇴직소득세 감면을 받고 그 이상은 퇴직소득세 감면 없이 인출하기로 결정했다. 이렇게 진행하려면 먼저 금융회사에 비정기 방식으로 인출할 수 있는지 등을 문의해야 한다. 현재 증권사는 대부분 비정기 방식의 인출을 허용하고 있고 은행은 일부만 허용하는 것으로 확인되었다. 다행히 김○○ 님은 증권사에 IRP 계좌를 개설했으므로 비정기 방식으로 인출할 수 있는 상태였다.

혹시 퇴직연금을 2013년 3월 이전에 가입했는가?

IRP에서 거액을 인출할 경우 연금 수령한도가 매우 중요하다. 연금 수령한도가 높아질수록 퇴직소득세 감면액도 커지기 때문이다.

"퇴직연금계좌는 언제 개설하셨나요? 혹시 2013년 3월 이전인가요?"

김○○ 님은 30년 근속을 하셨기에 2013년 3월 이전에 퇴직연금 계좌를 개설하여 연금 수령한도 특례 적용을 받는 대상자였다. 연금 수령한도는 연금 수령 연차로 결정되고 연금을 개시하는 인출 첫해부터 연금 수령 연차가 카운팅된다. 하지만 김○○ 님처럼 2013년 3월 이전에 퇴직연금계좌를 개설했다면 세액정산 특례가 적용되어 연금 수령 연차가 6년 차로 자동 적용된다(퇴직 후 IRP 계좌로 퇴직연금을 이전한 후에 연금을 개시해도 자동 적용). 반대로 김○○ 님이 2013년 3월 이후 퇴직연금에 가입했다면 세액정산 특례 적용이 안 되어 연금 수령 연차는 1년 차가 적용된다. 그렇다면 연금 수령 연차 1년 차와 6년 차의 연금 수령한도는 어떻게 될까? 다음과 같이 계산식을 적용하면 최대 2억 4,000만 원까지 차이가 난다.

연금 수령 연차에 따른 연금 수령한도

· **연금 수령 연차 1년 차를 적용할 경우**

→ 20억 원/(11−1)×120%= 2억 4,000만 원

· **연금 수령 연차 6년 차를 적용할 경우**

→ 20억 원/(11−6)×120%= 4억 8,000만 원

2013년 3월 이전에 가입한 퇴직연금과 그 이후에 가입한 퇴직연금은 세액정산 특례 적용 여부에 따라 연금 수령한도가 최대 2억 4,000만 원까지 차이가 난다.

퇴직소득세 실효세율부터 계산해볼 것! 연금 수령한도까지 퇴직소득세 30% 추가 감면

김○○ 님은 연금 수령 연차가 6년 차로 적용되므로 연금 수령한도는 4억 8,000만 원이다. IRP 계좌의 경우 연금 수령한도 안에서 인출했을 경우에는 퇴직소득세의 30%(11년 차부터 40%)가 감면되고 연금 수령한도

를 초과해서 인출하면 실효세율에 따라 정상적으로 퇴직소득세가 부과된다. 퇴직소득세는 퇴직금과 근속연수 등에 따라 실효세율이 달라진다.

다음은 김○○ 님의 퇴직소득세 실효세율을 도출하기 위한 계산 과정으로, 최종 실효세율이 21.46%가 나왔다.

■ **퇴직소득세 실효세율 계산법**(근속연수 30년, 퇴직금 20억 원인 경우)

근속연수(년)	30년
과세 대상 이연퇴직소득	20억 원
근속연수공제	※ [20년 초과 시] 4,000만 원+{300만 원×(근속연수−20년)} 4,000만 원+{300만 원×(30년−20년)}=**7,000만 원**
환산퇴직소득	20억 원−7,000만 원=19억 3,000만 원(이연퇴직소득−근속연수공제) → 19억 3,000만 원/30×12=**7억 7,200만 원**(근속연수로 나누고 곱하기 12)
환산퇴직소득공제	※ [3억 원 초과 시] 1억 5,170만 원+(3억 원 초과분의 35%) 1억 5,170만 원+{(7억 7,200만 원−3억 원)×35%} =1억 5,170만 원+(4억 7,200만 원×35%)=**3억 1,690만 원**
퇴직소득 과세표준	※ 환산퇴직소득−환산퇴직소득공제 7억 7,200만 원−3억 1,690만 원=**4억 5,510만 원**
환산 전 퇴직소득 산출세액	※ (퇴직소득 과세표준×40%)−2,594만 원* (4억 5,510만 원×40%)−2,594만 원=**1억 5,610만 원**
이연퇴직소득 산출세액	1억 5,610만 원×30/12=**3억 9,025만 원**(근속연수 곱하고 나누기 12)
지방소득세	※ 이연퇴직소득 산출세액의 10% 3억 9,025만 원×10%=**3,902만 5,000원**
퇴직소득세 총합	※ 이연퇴직소득 산출세액+지방소득세 3억 9,025만 원+3,902만 5,000원=**4억 2,927만 5,000원**
퇴직소득세 실효세율	※ 퇴직소득세/퇴직소득 4억 2,927만 5,000원/20억 원= **21.46%**

김○○님의 퇴직소득세 실효세율은 21.46%가 적용된다.

* 과세표준 3억 원 초과~5억 원 이하의 경우 2,594만 원이 누진공제된다.
  소득세율에 대해서는 131쪽을 참고한다.

■ 퇴직소득세 계산을 위한 기초자료

근속연수공제금액(2023년 1월 1일 이후 퇴직한 경우)	
근속연수	공제금액
5년 이하	100만 원×근속연수
5년 초과~10년 이하	500만 원+200만 원×(근속연수-5년)
10년 초과~20년 이하	1,500만 원+250만 원×(근속연수-10년)
20년 초과	4,000만 원+300만 원×(근속연수-20년)

환산급여에 따른 공제	
환산급여	공제액
800만 원 이하	환산급여의100%(전액공제)
800만 원 초과~7,000만 원 이하	800만 원+800만 원 초과분의 60%
7,000만 원 초과~1억 원 이하	4,520만 원+7,000만 원 초과분의 55%
1억 원 초과~3억 원 이하	6,170만 원+1억 원 초과분의 45%
3억 원 초과	1억 5,170만 원+3억 원 초과분의 35%

소득세율	
과세표준	세율-누진공제
1,400만 원 이하	과세표준×6%
1,400만 원 초과~5,000만 원 이하	과세표준×15%-126만 원
5,000만 원 초과~8,800만 원 이하	과세표준×24%-576만 원
8,800만 원 초과~1억 5,000만 원 이하	과세표준×35%-1,544만 원
1억 5,000만 원 초과~3억 원 이하	과세표준×38%-1,994만 원
3억 원 초과~5억 원 이하	과세표준×40%-2,594만 원
5억 원 초과~10억 원 이하	과세표준×42%-3,594만 원
10억 원 이하	과세표준×45%-6,594만 원

퇴직소득세 계산 1단계 연금 수령한도 이내 인출액에 대한 퇴직소득세는?

IRP 계좌에서 10억 원을 인출한다면 김○○ 님은 130쪽의 계산식에 따라 연금 수령한도 6년 차가 적용되어 다음과 같이 퇴직소득세가 부과된다.

① 연금 수령한도 4억 8,000만 원에 대해서는 퇴직소득세 실효세율 21.46%를 적용받아 1억 300만 8,000원이 매겨지고

② 더 나아가 1억 300만 8,000원에서 퇴직소득세 30%(1억 300만 8,000원× 30%=3,090만 2,400원)를 추가로 감면받아 7,210만 5,600원이 부과된다.

퇴직소득세 계산 2단계 연금 수령한도 초과인출액에 대한 퇴직소득세는?

이번에는 연금 수령한도 4억 8,000만 원을 초과한 금액을 인출할 경우 퇴직소득세를 계산해보자.

③ 10억 원에서 4억 8,000만 원을 뺀 연금 수령한도 초과분 5억 2,000만 원은

④ 세금 감면 없이 21.46% 실효세율이 적용되어 퇴직소득세 1억 1,159만 2,000원이 부과된다.

인출금액	10억 원	연금 수령 연차	6년 차
연금 수령한도 이내 금액		연금 수령한도 초과 금액	
4억 8,000만 원		5억 2,000만 원	
① 4억 8,000만 원×21.46%(실효세율) =1억 300만 8,000원 ② 1억 300만 8,000원×70%(퇴직소득세 30% 감면 적용)=7,210만 5,600원		③ 10억 원−4억 8,000만 원=5억 2,000만 원 ④ 5억 2,000만 원×21.46% =1억 1,159만 2,000원	

⑤ 따라서 10억 원을 인출할 경우 퇴직소득세 총액은 ②+④=1억 8,369만 7,600원이고

⑥ 10억 원을 인출했을 때 지급되는 세후 퇴직금은 8억 1,630만 2,400 원이다.

최종 퇴직소득세	1억 8,369만 7,600원
최종 세금 퇴직금	8억 1,630만 2,400원

⑤ 7,210만 5,600원(연금 수령한도 이내 인출액에 대한 퇴직소득세) + 1억 1,159만 2,000원(연금 수령한도 초과인출액에 대한 퇴직소득세) = 1억 8,369만 7,600원

⑥ 10억 원 − 1억 8,369만 7,600원 = **8억 1,630만 2,400원**(10억 원 인출 시 최종 세후 퇴직금)

김○○ 님은 현재 자신이 필요한 금액이 10억 원인데, 세후 퇴직금이 8억 1,630만 2,400원이면 부족하다고 하셨다. 따라서 세후 퇴직금으로 10억 원을 받으려면 실제로는 12억 3,500만 원 정도 인출신청을 해야 한다. 그러면 10억 83만 488원의 세후 퇴직금이 입금될 것이다.

tip 누구나 쉽게 퇴직소득세를 계산할 수 있다!

다음은 퇴직소득세를 스스로 계산할 수 있는 방법을 순차적으로 설명한 동영상 강의로,
참고하면 좋다.

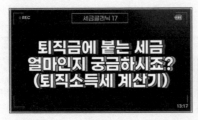

엑셀 계산기는 필자가 운영하는 '김범곤 연금연구소' 네이버 카페(https://cafe.naver.
com/passfinance)에 가입한 후 다운로드할 수 있다.

11

여기저기 흩어져있는 연금저축,
증권사 1곳에서 관리하려면?
(ft. 연금저축 이전)

곤쌤
해결책

저는 2006년 5월, 2020년 12월, 2023년 7월에 가입한 연금저축과 2015년 1월에 가입한 IRP 계좌, 2017년 4월에 가입한 퇴직연금(DC형), 2021년 12월에 가입한 ISA 계좌가 있습니다. 이렇게 총 6개의 계좌가 4곳의 증권사에 흩어져서 가입되어 있다 보니 복잡하고 힘든데, 효율적으로 관리하는 방법이 있을까요?

심플하게 연금자산을 관리하려면?
금융회사 1곳을 정해 모두 이전하자

강○○ 님은 연금이 많을수록 좋다고 생각해서 증권사 이벤트를 할 때마다 연금상품과 ISA에 가입했다. 가입 자체는 쉬웠지만, 연금자산이 분산되어 있어서 관리하기가 어려웠고 운용까지 하려니 더욱 복잡해졌다. 게다가 연금 인출까지 하려면 세금은? 점점 연금 관리가 복잡해지니 증권사 1곳을 정해놓고 이전하는 게 최우선 과제로 보였다.

강○○ 님은 총 4곳의 증권사를 이용하고 있었는데, A 증권사로 금융상품 이전을 희망했다. 다음은 강○○ 님이 가입한 금융상품내역이다.

■ 강○○ 님이 가입한 연금저축, IRP 계좌, ISA 계좌내역

	가입일	금융회사	금융상품	비고
①	2006년 5월	A 증권사	연금저축 1(연금저축보험 이전)	세액공제받음
②	2020년 12월	B 증권사	연금저축 2	세액공제받음
③	2023년 7월	A 증권사	연금저축 3	가입만 한 상태
④	2015년 1월	C 증권사	IRP 계좌	세액공제받음
⑤	2017년 4월	A 증권사	DC형 계좌	퇴직금 입금
⑥	2021년 12월	D 증권사	ISA 계좌	–

이전 가능? NO!

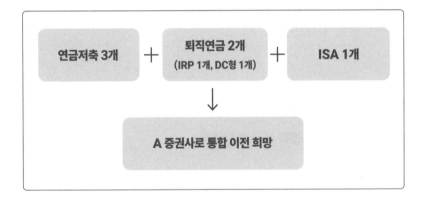

연금저축 3개 + 퇴직연금 2개 (IRP 1개, DC형 1개) + ISA 1개

↓

A 증권사로 통합 이전 희망

연금저축 이전,
"무조건 다 되는 게 아니라고요?"

강○○ 님은 총 3개의 연금저축이 있는데, A 증권사에 ① 2006년 5월에 가입한 상품(세액공제받음)과 ③ 2023년 7월에 가입한 상품(가입만 한 상태), 이렇게 이미 2개의 연금저축이 있다. ② 2020년 12월에 가입한 B 증권사의 연금저축(세액공제받음)을 A 증권사로 이전하려고 하는데, 다음과 같이 불가능하다는 B 증권사의 통보를 받았다. 왜 그랬을까?

> "귀하가 2020년 12월에 가입한 B 증권사의 연금저축은 2006년 5월에 가입한 A 증권사의 연금저축으로 이전할 수 없습니다."
>
> – B 증권사

2013년 3월 이전에 가입했다면?
특례 적용 때문에 연금저축 이전 불가능!

53쪽에서 살펴보았듯이 2013년 3월 이전에 가입한 연금저축은 가입자 특례 적용을 받는다. 그 당시 연금 개시를 위한 최소 가입기간은 10년이었다. 이후 세법이 개정되어 2013년 3월 이후 개설한 연금저축부터는 최소 가입기간이 5년으로 줄어들었다. 그래서 2013년 3월 이전에 가입한 연금저축은 가입자 특례 적용으로 만 55세 시점이 되면 연금 수령 연차는 6년 차부터 시작된다. 반면 2013년 3월 이후에 가입한 연금저축의 경우 만 55세 시점이 되면 연금 수령 연차는 1년 차부터 적용된다.

이렇듯 가입한 상품마다 연금 개시를 위한 최소 가입기간이 다르다보니 2013년 3월 '이후'에 개설한 연금저축은 2013년 3월 '이전'에 가입한 연금저축으로 이전할 수 없다. 따라서 강○○ 님의 경우 2020년 12월에 가입한 B 증권사의 연금저축은 2006년 5월에 가입한 A 증권사의 연금저축으로 이전이 '불가능'하다.

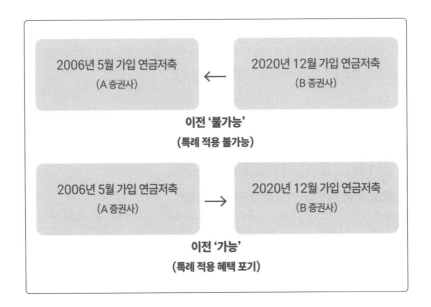

2006년 5월 가입 연금저축
(A 증권사)

←

2020년 12월 가입 연금저축
(B 증권사)

이전 '불가능'

(특례 적용 불가능)

2006년 5월 가입 연금저축
(A 증권사)

→

2020년 12월 가입 연금저축
(B 증권사)

이전 '가능'

(특례 적용 혜택 포기)

2013년 3월 이후 개설한 연금저축으로 이전은 가능!
하지만 이전한 계좌로 개설일 업데이트 주의!

그렇다면 어떻게 해야 하나라도 계좌를 줄일 수 있을까? 마침 강○○
님은 ③ 2023년 7월, A 증권사에 가입한 연금저축이 있었다(가입만 한 상
태). 그래서 ② 2020년 12월에 가입한 B 증권사의 연금저축을 ③ A 증권
사 연금저축으로 옮긴다고 했다. 이렇게 하면 ③ A 증권사 연금저축 개
설일을 따라가므로 가입일이 2023년 7월로 밀리게 된다. 강○○ 님은
필자에게 이렇게라도 이전해서 계좌를 줄이는 게 나을지 문의했는데,
필자는 굳이 그럴 필요까지는 없다고 답했다.

연금저축 이전 시 주의사항
가입일자 조정으로 연금저축 개시가 미뤄져 불이익!

연금저축에서 가입일은 연금 개시조건을 충족하는 데 매우 중요하다. 퇴직을 앞둔 상태에서 곧 연금을 개시해야 하는데, 나이 조건인 만 55세는 충족했지만 가입기간 5년을 충족하지 못해 연금 개시가 뒤로 밀리는 상황에 놓일 수도 있기 때문이다.

연금 개시조건 2가지
① **나이**: 만 55세 이상
② **가입 기간**: 5년 이상

강○○ 님이 만약 ② 2020년 12월에 가입한 B 증권사의 연금저축을 ③ 2023년 7월에 가입한 A 증권사의 연금저축으로 옮긴다면 가입일이 2023년 7월로 바뀐다. 하지만 이렇게 가입일을 손해 보면서 연금저축을 합칠 이유는 없다.

| ② 2020년 12월 가입 연금저축 (B 증권사) | → | ③ 2023년 7월 가입 연금저축 (A 증권사) |

이전하면 A 증권사 개설일로 가입일이 바뀌어서 손해!

차라리 ③ 2023년 7월, A 증권사에 가입한 연금저축을 ② 2020년 12월에 가입한 B 증권사의 연금저축으로 이전하면 가입일 2020년 12월을 승계하여 유지하면서 연금을 합칠 수 있다. A 증권사로 몰아서 관리하려는 목표는 어긋나지만, 그래도 연금저축의 개수는 줄일 수 있다.

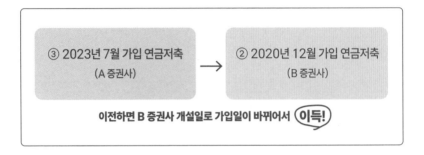

강○○ 님은 이렇게 연금저축을 이전했지만, 여전히 연금저축이 3개나 있어서 부담스럽다고 했다. 그렇다면 연금저축을 이전해서 하나로 합치는 방법은 정말 없을까? 다음 장에서 새로운 대안을 살펴보자.

연금저축을 이전할 때의 규칙 총정리

다음은 2013년 이전에 가입한 연금저축과 이후에 가입한 연금저축을 포함하여 상호 이전할 때 통용되는 규칙을 정리한 것이다.

① 2013년 3월 이후에 가입한 연금저축은 2013년 3월 이전에 가입한 연금저축으로 이전할 수 없다. 다만 2013년 3월 이전에 가입한 연금저축은 2013년 3월 이후에 가입한 연금저축으로 이전할 수 있다. → 손해!

② 연금저축을 이전한 경우 이전하려는 연금저축의 가입일을 승계한다. 예를 들어 2020년에 가입한 연금저축을 2024년에 가입한 연금저축으로 이전하면 2020년에 가입한 연금저축의 가입일은 2024년으로 변경된다. → 손해!

③ 연금저축을 이전할 때 연금저축의 가입일을 승계하려면 이전을 위해 새롭게 개설한 연금저축으로 이전 신청을 하면 된다.

④ 연금저축 간에 이전하려면 이전하려는 연금저축에 운용중인 금융상품은 모두 매도하여 현금성 자산으로 만들어야 이전할 수 있다.

⑤ 연금저축을 IRP 계좌로 이전하거나 IRP 계좌를 연금저축으로 이전하려면 연금 수령 조건(나이 만 55세, 가입기간 5년)을 모두 충족해야 한다. 이때 운용중인 금융상품은 모두 매도하여 현금성 자산으로 만들어야 이전할 수 있다.

연금저축과 IRP 이전에 대한 자세한 내용은 다음 동영상 강의를 참고하면 좋다.

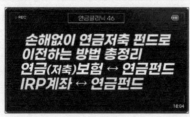

12

연금 이전이나 통합이 무조건 정답일까? 세금을 덜 낼 수 있을까?

11장에서 연금저축 이전을 설명해주셔서 잘 이해했습니다. 아무래도 연금은 심플하게 관리하는 게 좋을 듯해서 나머지 연금저축 계좌를 가급적 A 증권사 1곳으로 모아두려고 합니다. 그런데 연금저축 계좌를 합치면 인출할 때 세금이 덜 나오는 것이 맞나요?

오래된 연금저축 계좌로 이전하는 게 무조건 좋을까?

앞 장에서 연금저축 계좌가 여러 개 있을 때 연금 개시일 때문이라도 오래된 계좌로 이전하는 게 좋다고 말했다. 하지만 이것이 모든 경우에 적용되는 것일까?

예를 들어 ① 2006년 5월에 가입한 A 증권사의 연금저축을 ② 2020년 12월에 가입한 B 증권사의 연금저축으로 이전한다고 가정해보자. 이럴 때 세금은 얼마나 될까? 만약 연금저축을 이전하지 않고 그대로 놔둘 경우와 비교해보면 세금은 얼마나 차이가 날까? 다음 2가지 사례를 비교하면서 살펴보자.

■ 강○○ 님이 가입한 연금저축, IRP 계좌, ISA 계좌내역

가입일	금융회사	금융상품	비고
① 2006년 5월	A 증권사	연금저축 1(연금저축보험 이전)	세액공제받음
② 2020년 12월	B 증권사	연금저축 2	세액공제받음
③ 2023년 7월	A 증권사	연금저축 3	가입만 한 상태
④ 2015년 1월	C 증권사	IRP 계좌	세액공제받음
⑤ 2017년 4월	A 증권사	DC형 계좌	퇴직금 입금
⑥ 2021년 12월	D 증권사	ISA 계좌	–

어떻게 이전해야 절세할 수 있을까?

연금소득세 적용

사례 1 계좌 안 합치고 → 각각 연금으로 인출했을 때 세금은?

계좌를 이전하지 않고 각각 연금저축에서 연금 수령한도만큼 인출할 경우 세금이 어떻게 되는지 살펴보자.

강○○ 님이 만 55세가 되면 ① 2006년에 가입한 연금저축의 연금 수령한도는 1,440만 원이다. 그리고 ② 2020년 12월에 가입한 연금저축의 연금 수령한도를 계산해보니 240만 원이 된다.* 이것을 합산하면 연금 총수령액은 1,680만 원인데, 연 1,500만 원을 초과하여 수령하면 종합과세 또는 16.5%의 분리과세 중 하나를 선택해야 하므로 세금 부담이 증가한다. 최대한 세금을 절세할 수 있는 연금 수령한도는 연 1,500만 원이므로 이 안에서 생활할 수 있다면 추가 인출할 필요가 없다. 이때 세금은 연금소득세 5.5%가 적용되어 82만 5,000원이다.

---

* 연금 수령한도는 사람에 따라 다르다. 연금 수령한도 계산식에 대해서는 '준비마당'의 4장(41쪽)을 참고한다.

■ 2006년과 2020년에 가입한 연금저축의 수령한도 비교

① 2006년 5월에 가입한 연금저축	② 2020년 12월에 가입한 연금저축
만 55세 연금 개시 (연금 수령 연차 6년 차)	만 55세 연금 개시 (연금 수령 연차 1년 차)
연금계좌 평가액이 6,000만 원인 경우 연금 수령한도 → 6,000만 원/(11−6) × 120% = 1,440만 원	연금계좌 평가액이 2,000만 원인 경우 연금 수령한도 → 2,000만 원/(11−1) × 120% = 240만 원

강○○ 님의 총연금 수령한도

① + ② = 1,440만 원 + 240만 원 = 1,680만 원

- 연 1,680만 원을 수령했을 때? → 종합과세 or 분리과세(16.5%) 선택
- 연 1,500만 원을 수령했을 때? → 연금소득세(5.5%) 적용

강○○ 님의 연금소득세

1,500만 원 × 5.5%(연금소득세율) = 82만 5,000원

사례 2 계좌 합치고 → 연금으로 인출했을 때 세금은?

① 2006년 5월에 가입한 연금저축을 ② 2020년 12월로 가입일을 승계한 연금저축과 합산한 후 연금을 개시한 경우 연금 수령한도만큼 인출했을 때 세금은 얼마인지 살펴보자.

연금저축을 통합하여 연금을 개시한 경우 연금 수령한도는 960만 원으로, 연금을 각각 개시했을 때 1,680만 원보다 약 720만 원이 적다. [사례 1]과 동일하게 연 1,500만 원을 인출한 경우 연금 수령한도 960만 원까지는 5.5%의 연금소득세가 적용되지만, 초과 수령액 540만 원에 대해서는 종합소득세 또는 16.5%의 분리과세를 선택해야 하므로 세금적인 측면에서는 다소 불리하다고 볼 수 있다.

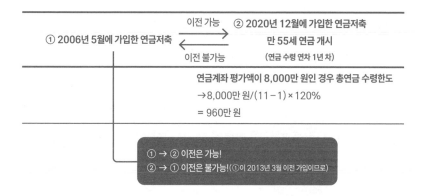

강○○ 님의 총연금 수령한도 → 960만 원

• 연 1,500만 원을 수령했을 때? → 960만 원만 연금소득세 적용

강○○ 님의 연금소득세 + 추가 과세

인출금액 1,500만 원 − 연금 수령한도 960만 원 = 초과인출액 540만 원

→ (960만 원 × 5.5%) + (540만 원 × 16.5%, 분리과세 적용 시)

= 52만 8,000원 + 89만 1,000원

= 141만 9,000원

결론 **세금만 생각하면 연금 계좌 각각 운용이 유리! 하지만 통합 운영도 나쁘지 않다**

연금 수령 연차가 낮으면 연금 수령한도에서 무조건 손해라고 생각할 수 있지만, 사람에 따라 유리할 수도, 불리할 수도 있다. 그러므로 자신의 적정 연금 수령액을 얼마로 결정한 것인지에 따라 연금저축의 통합 여부를 결정해야 한다.

일반적으로 평가금액이 1억 원을 초과하지 않는 연금저축의 경우 매년 연금 수령한도인 연 1,500만 원을 인출한다면 10년 후에는 연금 수령한도가 없어질 가능성이 높다.* 따라서 10년 동안 최대한 절세하면서 연금 인출계획을 갖고 있다면 연금저축 계좌별로 각각 운용하는 것도 좋은 대안이 될 수 있다.

하지만 10년 이상 길게 연금을 수령할 계획이라면 이야기가 달라진다. 연금 수령 연차에 따른 연금 수령한도는 감소하지만, 계좌를 통합한 후 연금 수령한도만큼만 저율과세를 받으면서 장기로 운용하는 것도 괜찮은 방법이다.

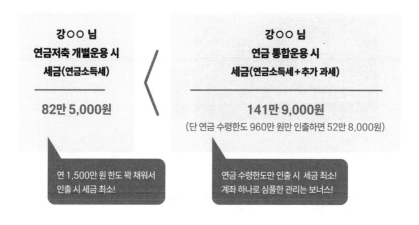

강○○ 님
연금저축 개별운용 시
세금(연금소득세)

82만 5,000원

연 1,500만 원 한도 꽉 채워서 인출 시 세금 최소!

강○○ 님
연금 통합운용 시
세금(연금소득세+추가 과세)

141만 9,000원
(단 연금 수령한도 960만 원만 인출하면 52만 8,000원)

연금 수령한도만 인출 시 세금 최소!
계좌 하나로 심플한 관리는 보너스!

---

* 월 배당 ETF 투자를 활용하면 원금 훼손은 최소화하면서 배당이익으로만 생활비를 인출하는 운용전략을 짤 수 있다. 이것에 대해서는 19장(193쪽)을 참고한다.

연금상품에 따라 계좌 개설 개수가 다르다?

연금저축은 한 금융회사에서 복수의 계좌를 개설할 수 있다. 그러나 IRP 계좌는 한 금융
회사에서 1개의 계좌만, ISA 계좌는 전체 금융회사에서 1개의 계좌만 개설할 수 있다.

■ **연금상품별로 개설 가능한 계좌 수**

연금상품	계좌 개설 수
연금저축	금융회사 1곳에서 여러 개 OK
퇴직연금 – IRP	금융회사 1곳에서 1개만 OK
ISA	전체 금융회사에서 1개만 OK

다음은 투자가 처음인 경우 ISA 계좌에 가입할 때 어떤 금융회사를 선택하면 좋을지 설
명한 동영상 강의로, 참고하면 좋다.

곤쌤
해결책

13

소득원천이 같다면
IRP → 연금저축 이전도 추천!

앞에서 의논드렸듯이 저는 연금계좌가 너무 많아서 줄이는 게 고민이었는데, 덕분에 큰 도움을 받았어요. 얼마 후 퇴직인데, 퇴직연금(DC형)과 퇴직연금(IRP) 관리도 고민스럽더라고요. 퇴직금을 목돈으로 쓰지 말고 연금으로 인출하는 게 절세에 좋다고 들었는데, 당장 어떻게 하면 좋을까요?

증권사 1곳에서 퇴직금을 관리하고 싶다면?

계속 강○○ 님의 사례를 이어가 보자. 강○○ 님은 퇴직을 앞두고 있고 현재 ④ C 증권사의 개인 IRP 계좌와 ⑤ A 증권사의 퇴직연금(DC형) 계좌, 이렇게 2개의 퇴직연금 계좌를 보유 중이다.

■ 강○○ 님이 가입한 연금저축, IRP 계좌, ISA 계좌내역

가입일	금융회사	금융상품	비고	
① 2006년 5월	A 증권사	연금저축 1(연금저축보험 이전)	세액공제받음	
② 2020년 12월	B 증권사	연금저축 2	세액공제받음	연금소득세 적용
③ 2023년 7월	A 증권사	연금저축 3	가입만 한 상태	
④ 2015년 1월	C 증권사	IRP 계좌	세액공제받음	
⑤ 2017년 4월	A 증권사	DC형 계좌 → IRP 계좌(신설)	퇴직금 입금	
⑥ 2021년 12월	D 증권사	ISA 계좌	–	

• ② → ③ 이전
• ④ 현금화 → ③ 이전

149

소득원천이 같다면 일원화를 위해
IRP 계좌와 연금저축 통합도 추천!

A 증권사 1곳에서 연금을 관리하면 여러모로 편리하다. 하지만 돈뭉치의 성격에 따라 계좌를 합산했는지 따져보아야 한다. 왜냐하면 세금을 편리하게 관리하기 위해서다.

연금계좌의 소득원천은 크게 3가지로, 세액공제를 적용받지 않는 납입액(비과세 재원), 퇴직금 원금(퇴직소득세 과세), 세액공제 및 운용이익(연금소득세 과세)이 있다. 강○○ 님은 회사에 다니면서 세액공제를 적용받을 목적으로 ② 2020년 12월에 가입한 B 증권사의 연금저축과 ④ 2015년에 1월에 가입한 C 증권사의 IRP 계좌를 보유하고 있다. 이들 두 계좌는 모두 세액공제를 적용받았으므로 향후 인출할 때 연금소득세가 과세되지만, 가입기간이 5년을 경과해서 만 55세 이후에 연금을 개시할 수 있으므로 통합해도 좋다.

강○○ 님은 세액공제받은 계좌끼리 통폐합하여 A 증권사에서 관리하고 싶어 했다. 그래서 이렇게 계좌를 관리하라고 조언했다. 먼저 ② B 증권사의 연금저축은 ③ A 증권사의 연금저축으로 이전하고 → ④ C 증권사의 IRP 계좌에 운용중인 금융상품을 모두 매도한 후 이 돈을 ③ A 증권사의 연금저축으로 옮긴다. 이후 ③ A 증권사의 연금저축에 모인 돈을 운용하면서 인출계획을 세우라고 권했다.

A 증권사 연금저축으로 통폐합하는 과정

1단계		2단계		3단계		4단계
② B 증권사 연금저축 → ③ A 증권사 연금저축으로 이전	→	④ (만 55세 이후) C 증권사의 IRP 계좌에 운용중인 금융상품 모두 매도(현금화 필요)	→	④ C 증권사의 IRP 계좌 돈을 → ③ A 증권사 연금저축으로 이전	→	③ A 증권사 연금저축에서 운용목적에 맞게 운용 및 인출계획 세우기

 퇴직금 간의 이전은 현물이전할 수 있다. 하지만 IRP 계좌의 돈을 연금저축으로 이전하려면 모두 매도해서 현금화한 후 이전해야 한다.

연금계좌 관리는 '심플 is 베스트!'

은행과 보험사의 연금상품과 달리 증권사의 연금상품은 스스로 관리해야 한다. 강○○ 님처럼 연금상품을 다양한 금융회사에 보유하는 것은 관리 차원에서 효율적이지 못하므로 최대한 통합하여 운용할 수 있는 방안을 찾아보아야 한다. 이 경우 연금저축과 연금저축의 이전, 연금저축과 IRP 계좌 이전에는 규칙이 있으므로 잘 활용하여 통합운용하는 방법을 권장한다.

다음은 강○○ 님이 연금계좌를 이전하고 운용계획까지 정리한 표이다. 여러분도 비슷한 상황이라면 응용해서 적용해보자.

▪ 강○○ 님의 절세계좌 금융상품 목록 및 이전계획

2024년	2025년	2026년	2027년	2028년	2029년	2030년	2031년
만 53세	만 54세	만 55세	만 56세	만 57세	만 58세	만 59세	만 60세(정년)

⬇ 이후

	금융회사	금융상품	가입일	평가금액	절세계좌 운용계획 및 이전계획
①	A 증권사	연금저축 1	2006년 5월	6,000만 원	• 2028년 연금 개시 고려(만 57세) • 만 55세 시점에 연금 수령 연차 6년 차 적용
②	B 증권사	연금저축 2	2020년 12월	2,000만 원	• 연 600만 원 납입(세액공제 전용 계좌) • 향후 A 증권사 연금저축 신규 개설 후 이전
③	A 증권사	연금저축 3	2023년 7월	0	• 세액공제 미적용 계좌 활용+연 900만 원 납입 • ISA 계좌 만기자금 이전용+세액공제 미적용
④	C 증권사	퇴직연금 IRP 계좌	2015년 1월	2,000만 원	• 연 300만 원 납입(세액공제 전용 계좌) • 연금 개시 전 연금저축 ②번으로 이전 고려
⑤	A 증권사	퇴직연금 DC형 계좌	2017년 4월	1억 8,000만 원	퇴직 후 A 증권사 IRP 계좌 신규 개설 후 이전
⑥	D 증권사	ISA 계좌	2021년 12월	4,000만 원	의무 가입기간 경과 후 연금저축 ②번으로 이전
	총합			**3억 2,000만 원**	

tip **ISA 계좌 간 이전은 가능, 단 현금화 필요!**

ISA 계좌의 유형에는 신탁형, 일임형, 중개형이 있다. 중개형은 증권사에서만 판매하는데, 신탁형과 일임형에 가입했어도 ISA 계좌 중개형으로 이전할 수 있다. 이 경우 이전하려면 운용했던 금융상품은 모두 현금화해야 한다. ISA 계좌는 현금화 과정에서 소득구간별로 200~400만 원의 비과세 혜택을 받을 수 있다.

ISA 계좌를 이전하려면 다음과 같은 절차가 필요하다.

1단계		**2단계**
현재 운용중인 ISA 계좌의 금융상품을 매도한 후 현금성(예수금) 자산 입금 확인	→	이전하려는 금융회사의 ISA 계좌 이전용 신규 가입 및 이전 신청

다음은 만기가 된 ISA 계좌를 연금계좌(연금저축, IRP)로 이전하는 게 유리한지 설명한 동영상으로, 참고하면 좋다.

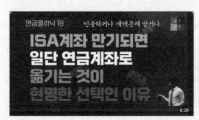

14

곤쌤 해결책

연금저축과 IRP 세금이 복잡해요! 쉽게 정리하는 방법은?

저는 만 54세로, 곧 연금 개시 나이가 됩니다. 현재 세액공제받은 연금 저축과 세액공제받지 않은 연금저축, 그리고 퇴직금이 입금된 IRP 계좌 를 갖고 있습니다. 연금 개시 후 세금이 중요하다고 하는데, 연금저축과 IRP 계좌의 세금을 쉽게 이해하는 방법이 있을까요?

연금계좌(연금저축, IRP)의 납입내역부터 조회하자

민○○ 님처럼 여러 개의 연금계좌를 보유한 분들이 많은데, 최소한 의 세금으로 연금을 인출하는 방법을 많이 궁금해하신다. 연금을 개시 할 때 어떤 세금이 언제 발생하는지 확인하려면 연금저축과 IRP 계좌의 소득원천부터 먼저 확인해야 한다.

금융사마다 연금계좌(연금저축, IRP)의 납입내역을 조회하면 표현하는 방식이 다르지만, 크게 '비과세 재원', '퇴직소득세 과세 재원', '연금소득 세 과세 재원'으로 구분한다. 그리고 이에 따라 인출순서와 세율이 달라 지니 잘 구분해서 살펴보아야 한다.

인출 1순위 비과세 재원은 연금소득세 과세 기준 연 1,500만 원과 무관! 연금 수령한도와 무관!

납입할 때 따로 세제 혜택을 받지 않았다면* 인출할 때 세금이 없다. 무조건 비과세이고 연금 수령한도 및 연금소득세 과세 기준 연 1,500만 원과도 무관하다. 가입한 연금저축과 IRP 계좌의 납입내역을 조회했을 때 비과세 재원이 있다면 가장 먼저 1순위로 세금 없이 인출할 수 있다는 사실을 기억하자. 다만 과거에 세액공제받지 않았는데도 세액공제를 받은 것으로 확인된다면 국세청의 '홈택스'(https://hometax.go.kr)에 접속하여 연금보험료 등 소득세액공제확인서를 발급받아 증권사에 제출하여 세액공제받지 않았다는 사실을 입증해야 한다. 그러면 해당 금액을 모두 비과세 재원으로 변경할 수 있다.

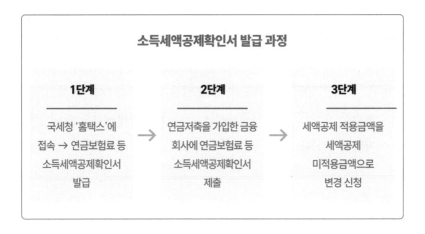

소득세액공제확인서 발급 과정

1단계		2단계		3단계
국세청 '홈택스'에 접속 → 연금보험료 등 소득세액공제확인서 발급	→	연금저축을 가입한 금융회사에 연금보험료 등 소득세액공제확인서 제출	→	세액공제 적용금액을 세액공제 미적용금액으로 변경 신청

---

* 이 경우는 연금계좌 납입한도 이상 금액을 추가 납입해서 세액공제를 적용받지 않은 경우가 대표적이다.

연금 개시 전 국세청의 '홈택스'에 접속하여 연금보험료 등 소득세액공제확인서를 발급받아 제출하여 세액공제받지 않은 금액을 비과세 재원으로 확보하자.

인출 2순위 퇴직소득세 과세 재원은
연금소득세 과세 기준 연 1,500만 원과 무관!
연금 수령한도 이내 인출 시 30~40% 퇴직소득세 감면!

퇴직금이 입금된 연금계좌(IRP, 연금저축)의 소득원천을 확인하면 퇴직소득세 과세 재원이 있는 것으로 확인될 것이다. 퇴직소득세 과세 재원은 인출할 때 퇴직소득세를 실제 수령 연차 10년 차까지는 30%, 11년 차부터는 40% 감면받는다. 그리고 퇴직소득세 과세 재원은 연금소득세 과세 기준 연 1,500만 원에 포함되지 않는다. 이것은 연 1,500만 원을 초과하여 인출할 경우 퇴직소득세 과세 재원에서 인출하는 것이 좋다는 의미다. 하지만 연금 수령한도 이내 금액을 인출했을 때만 퇴직소득세를 감면받을 수 있으므로 인출하려는 금액이 연금 수령한도 이내 금액인지 확인해야 한다.

 퇴직소득세 과세 재원은 인출할 때 퇴직소득세가 과세되고 실제 수령 연차에 따라 퇴직소득세 30% 또는 40%를 감면받을 수 있다. 다만 연금 수령한도 이내 금액을 인출했을 때 퇴직소득세를 감면받아 절세할 수 있다는 것을 잊지 말자.

연금소득세 과세 재원은

세액공제받은 금액＋이자소득 및 배당소득＋매매차익 인출 시 적용!

연금소득세 과세 재원은 납입할 때 세액공제받았거나, 연금저축과 IRP 계좌에서 발생하는 과세이연된 이자소득 및 배당소득과 매매차익이 인출될 때 적용된다. 인출순서에서도 연금소득세 과세 재원이 가장 마지막에 인출된다. 그러므로 하나의 연금계좌에 비과세 재원과 퇴직소득세 과세 재원이 함께 있다면 가장 늦게 인출된다는 사실을 알고 있어야 한다.

연금소득세 과세 재원에서 발생하는 세금은 조금 복잡하다. 우선 인출할 때 연금소득세만큼 차감되어 지급되고 연금을 개시하여 인출하는 나이에 따라 차등 차감된다. 예를 들어 만 55세 연금소득세 과세 재원에서 연 1,000만 원을 인출했다면 연금소득세로 55만 원이 차감된다. 금액으로 보면 많아 보이지만, 납입하는 과정에서 적용받은 연금계좌 세액공제(13.2% 또는 16.5%)와 비교하면 결과적으로 낮은 세율이 적용된다고 볼 수 있다.

■ **연금소득세율**(연금 인출 나이에 따라 차등 적용)

연금 수령나이	연금소득세율
만 55세 이상~만 70세 미만	5.5%
만 70세 이상~만 80세 미만	4.4%
만 80세 이상	3.3%

연금소득세율보다 세금을 더 내는 경우는?
① 연금 수령한도 초과인출 + ② 연간 1,500만 원 초과인출

연금소득세율을 초과하여 세금을 납부하는 경우도 종종 발생할 수 있다. 첫 번째는 연금 수령한도를 초과해서 인출한 경우이고 두 번째는 연간 1,500만 원을 초과해서 인출한 경우(저율과세 연금소득세 적용 ×)이다. 다음 사례를 보면 이해할 수 있을 것이다.

 연금 수령한도 연 2,400만 원 전액을 인출할 경우 세금은?

연금소득세 과세 재원을 인출할 때 연금 수령한도가 연 2,400만 원으로 계산된 경우 연 2,400만 원을 모두 인출하면 5.5%의 연금소득세율이 적용되지 않는다. 이 경우 연 1,500만 원을 초과하여 인출했으므로 다른 소득과 합산하여 종합소득세를 신고하거나 분리과세를 선택해서 16.5%의 세금을 납부하면 된다.

사례 2 **연금 수령한도 연 1,200만 원을 인출할 경우 세금은?**

연금 수령한도가 연 1,200만 원으로 계산된 경우 연 1,500만 원을 인출하면 연 1,200만 원까지는 5.5%의 연금소득세가 과세된다. 하지만 초과 수령한 300만 원에 대해서는 16.5%의 기타소득세가 과세된다.

따라서 연금소득세 과세 재원을 인출할 때는 먼저 연금 수령한도 금액을 계산하여 1,500만 원을 초과한다면 1,500만 원까지 인출했을 때 연금소득세율 5.5%를 적용받을 수 있다. 반면 연금 수령한도가 연 1,500만 원 이내라면 연금 수령한도까지만 연금소득세율 5.5%가 적용되고 1,500만 원 이내 금액에서 연금 수령한도를 초과하여 인출한 금액은 16.5%의 기타소득세가 적용된다.

다음은 만 55세 전에 퇴직금을 IRP 계좌로 받고 연금저축으로 이전하는 방법에 대한 동영상 강의로, 연금계좌끼리 이전하는 방법도 추가로 설명하니 참고하면 좋다.

만 55세 이후에는 퇴직금을 IRP 계좌와 연금저축으로 모두 받을 수 있다.

세금을 최대한 절세하는 인출방법 총정리

1. 비과세 재원은 따로 모아두자. 연금 개시 전이라면 '연금저축'에서!
1순위로 인출되지만 비상금 통장처럼 활용하는 것도 추천!
연금저축 및 IRP 계좌 납입과정에서 세액공제한도를 초과하여 납입했거나 세액공제를
적용받지 않았다면 하나의 연금계좌에 비과세 재원을 모아두자. 또한 ISA 계좌 해지금
액을 연금계좌로 이전할 때도 대부분의 이전 금액은 세액공제를 적용받지 않으므로 세액
공제를 받거나 퇴직금이 입금된 연금계좌와 합산하지 말고 별도의 계좌로 입금받는 것이
좋다.

비과세 재원은 언제든지 세금 없이 인출할 수 있다. 다만 IRP 계좌의 경우 연금 개시 전
에는 중도인출할 수 없으므로 IRP 계좌보다는 연금저축으로 비과세 재원을 모으는 게
더 좋다. 그리고 비과세 재원을 인출할 때는 비상금 통장처럼 활용하는 게 좋다. 인출할
때 세금이 없는 만큼 세금이 절감되는 재원(연금 수령한도 및 연 1,500만 원 조건이 부과되는 퇴
직소득세 과세 재원과 연금소득세 과세 재원)을 인출하고 부족한 부분을 채워줄 수 있는 용도로
말이다.

2. 퇴직소득세 과세 재원 or 연금소득세 과세 재원 중 어떤 것을 먼저 인출할까?
퇴직소득세 과세 재원은 실제 수령 연차 10년 차 이후에는 퇴직소득세를 40% 감면받
을 수 있다. 반면 연금소득세 과세 재원은 오래 수령할수록 연금소득세율이 감소하는
구조이다(만 55세 이상~만 70세 미만 5.5%, 만 70세 이상~만 80세 미만 4.4%, 만 80세 이상
3.3%). 따라서 연 1,500만 원을 기준으로 인출전략을 짜는 게 좋은데, 다음 사례를 보
면 쉽게 이해할 수 있을 것이다.

> **사례 1** **연금 총수령액이 연 1,500만 원 미만인 경우**
> **→ 연금소득세 과세 재원 먼저 인출**
>
> 연금소득세 과세 재원을 먼저 인출하여 생활비로 활용하고 퇴직소득세 과세
> 재원이 입금된 연금계좌는 매년 1만 원씩 인출하자. 그리고 추가 인출이 필요
> 한 경우 비과세 재원이 있다면 비과세 재원을 인출하고 비과세 재원이 없다면
> 퇴직소득세 과세 대상 재원이 입금된 연금계좌를 활용하여 인출하자.

사례 2 연금 총수령액이 연 1,500만 원을 초과한 경우
→ 퇴직소득세 과세 재원 먼저 인출

연금소득세 과세 대상 계좌에서 연 1,500만 원을 인출하고 부족한 생활비는 비과세 재원이나 퇴직소득세 과세 재원에서 인출할 수 있다. 만약 여러 계좌에서 인출하는 것이 번거롭다면 차라리 퇴직소득세 과세 재원이 입금된 연금계좌에서 먼저 인출하는 방법을 권장한다.

3. 비과세 재원과 퇴직소득세 과세 재원에 운용수익이 있다면?

연금계좌에 '비과세 재원'이라는 꼬리표를 붙여놓아도 연금계좌를 운용하면서 발생하는 수익은 결국 연금소득세 과세 대상 소득이 된다. 퇴직소득세 과세 재원이 입금된 연금계좌도 마찬가지다. 다만 세액공제받은 금액과 운용수익의 인출은 모든 연금저축과 IRP 계좌의 금액을 합산하여 연 1,500만 원 기준을 적용한다. 따라서 용도별로 연금계좌를 분류했다면 세액공제받은 금액과 운용이익이 인출되는 시점에는 연 1,500만 원을 넘지 않도록 수령금액을 조절해야 한다. 물론 세금 부담이 조금 증가할 뿐이며 초과인출에 대한 제약은 없다.

15

퇴직 후 건강보험료에서 자유로워지는 방법이 있나요?

곤쌤 해결책

저는 올해 퇴직을 했고 연금저축과 IRP 계좌에서 연금을 개시했습니다. 2년 후 국민연금도 수령할 예정입니다. 퇴직하면 건강보험이 직장 가입자에서 지역 가입자로 전환되어 매우 부담스러워집니다. 앞으로 건강보험료를 줄일 수 있는 방법이 있을까요?

건강보험료를 줄이는 방법 2가지

직장 가입자는 소득 기준으로만 건강보험료가 부과될 뿐만 아니라 회사에서 건강보험료의 50%를 납부해준다. 반면 지역 가입자는 소득과 재산에 모두 건강보험료가 부과되고 100% 본인 부담이다. 따라서 퇴직 후 지역 가입자로 전환되면 직장 가입자일 때 납부했던 건강보험료보다 증가하는 경우가 많다.

편○○ 님이 당장 건강보험료를 줄이려면 2가지 방법을 선택할 수 있다. 하나는 건강보험 임의계속가입을 신청하거나 자녀의 피부양자로 등록하는 것이다.

방법1 **건강보험 임의계속가입 신청하기**

퇴직 전 18개월간 직장 가입자였다면 신청 가능!

건강보험 임의계속가입은 퇴직 전 18개월간 직장 가입자의 자격을 유지했다면 퇴직 후 2개월 안에 신청할 수 있다. 임의계속가입을 신청하면 주소지로 건강보험공단에서 우편물을 보내주는데, 퇴직 전 산정된 12개월 동안의 월 보수액의 평균값으로 건강보험료를 산정하여 3년 동안 납부하면 된다.

방법2 **자녀의 피부양자로 등록하기**

연 2,000만 원 이내 소득＋재산 기준 조건 충족해야 가능!

자녀의 피부양자로 등록하려면 소득과 재산 요건을 충족해야 한다. 소득의 종류에는 사업소득, 금융소득(15.4% 이자소득 및 배당소득 과세 재원), 연금소득(사적연금 미반영), 근로소득, 기타소득이 있는데, 모든 소득의 합계액이 연 2,000만 원을 넘지 않아야 한다. 또한 재산 기준에서도 재산세 과세표준이 5억 4,000만 원 이하인 경우에는 연 소득 2,000만 원 이내 조건을 충족했을 때, 5억 4,000만 원 초과부터 9억 원 이하인 경우에는 연 소득 1,000만 원 이내 조건을 충족했을 때 피부양자로 등록할 수 있다. 반면 재산세 과세표준이 9억 원을 초과하는 경우에는 건강보험 피부양자 자격 탈락 요건이 되므로 건강보험 임의계속가입을 신청할 수 없다.

■ 건강보험 피부양자 탈락 기준 – 소득

사업소득	사업소득이 1원이라도 발생하면 탈락
미등록 사업소득	연 500만 원 초과할 경우 탈락
금융소득	연 1,000만 원 초과할 경우 전액 연 소득에 반영
연금소득	공적연금(국민연금, 공무원연금, 사학연금) 소득 100% 반영
근로소득	세전소득 100% 반영
기타소득	필요 경비(60~80%) 반영 후 합산

 이들 소득이 연 2,000만 원을 초과할 경우 피부양자 탈락!

■ 건강보험 피부양자 탈락 기준 – 재산

소득		재산세 과세표준		
		5.4억 원 이하	5.4억 원 초과~9억 원 이하	9억 원 초과
2,000만 원	초과	탈락	탈락	탈락
	이하	등록 가능	탈락	탈락
1,000만 원	이하	등록 가능	등록 가능	탈락

재산세 과세표준은 서울시 인터넷 세금납부 시스템인 ETAX(https://etax.seoul.go.kr)에서 계산할 수 있다.

결론 건강보험 임의계속가입보다 피부양자가 유리! 퇴직 후 절세계좌 활용은 선택이 아닌 필수!

편○○ 님의 경우는 2년 후 국민연금에서 월 200만 원씩 연 2,400만 원을 수령하게 되어 국민연금만으로도 피부양자 자격 요건을 탈락하는 셈이다. 따라서 지금 자녀의 피부양자로 등록해도 국민연금을 수령한 후 국세청 소득정보가 건강보험공단으로 제출되는 시점까지만 피부양자 자격을 유지할 수 있을 것으로 보인다.

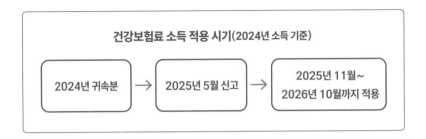

건강보험료 소득 적용 시기(2024년 소득 기준)

| 2024년 귀속분 | → | 2025년 5월 신고 | → | 2025년 11월~ 2026년 10월까지 적용 |

건강보험료를 납부하는 임의계속가입보다는 건강보험료를 납부하지 않는 피부양자 등록이 당장은 더 유리하다고 볼 수 있다. 다만 피부양자 등록조건을 충족할 수 있는지의 여부는 직접 계산하거나 건강보험공단에 문의해서 확인해야 할 필요가 있다.

 건강보험 임의계속가입은 퇴직한 날로부터 2개월 안에 신청해야 혜택을 받을 수 있다. 그러므로 퇴직 후 2개월 안에 건강보험료 피부양자 등록 가능 여부를 판단하여 임의계속가입을 신청할 수 있도록 준비하자.

건강보험료 산정에 포함되지 않는 소득은?
연금계좌(연금저축+IRP)와 ISA 계좌의 이자소득 및 배당소득!

다행스럽게도 현재 ISA 계좌에서 발생하는 이자소득 및 배당소득과 연금저축 및 IRP 계좌에서 발생하는 이자소득 및 배당소득은 건강보험료를 산정할 때 금융소득에 반영하지 않는다. 이것이 바로 하루라도 빨리 절세계좌로 금융자산을 이전해야 하는 이유이다. 연금저축과 IRP 계좌는 연 1,800만 원까지, ISA 계좌는 연 2,000만 원까지 납입할 수 있다. 1년에 절세계좌로 옮길 수 있는 금융소득의 합계액은 연 3,800만 원이므로 금융자산은 앞으로 절세계좌를 활용해서 운용해야 한다.

16

낮에 핸드폰 볼 시간도 없는데 연금저축은 어떻게 운용하나요? (ft. ETF 자동매수시스템)

곤쌤 해결책

저는 만 50세로, 매월 연금저축에서 ETF를 적립식으로 운용하려고 합니다. 하지만 자영업을 하고 있어서 영업시간에 휴대폰을 볼 시간이 없습니다. 저처럼 연금저축을 직접 운용하기 어려운 상황이라면 어떻게 투자와 관리를 해야 할까요?

편리한 적립식 자동매수 - 연금저축에서 ETF 매수하기

지○○ 님은 일 때문에 바빠서 노후 대비에 신경 쓰지 못했다. 뒤늦게 연금저축에 가입했고 최대 납입한도(연 1,800만 원)를 채워 세액공제 혜택(연 600만 원)도 받으려고 했지만, 일하는 동안 연금을 운용할 시간을 낼 수가 없었다. 지○○ 님처럼 바쁜 직장인과 자영업자가 많으므로 최근 증권사에서는 ETF 모으기 서비스를 제공하고 있어 추천했다. 연금저축에서 ETF 자동매수를 설정하면 누구나 편리하게 시간과 장소에 구애받지 않고 연금을 관리할 수 있다.

다음은 연금저축에서 ETF를 자동으로 매수하는 방법이다(2025년 1월 10일 기준).

1단계 증권사 선택하기

키움증권, KB증권, NH투자증권, 미래에셋증권, 한국투자증권, 삼성증권 등 원하는 증권사를 선택하자. 이들 증권사는 연금저축 자동매수 서비스를 제공하고 있다.

연금저축 자동매수서비스 **자료 제공**: 한국투자증권(https://securities.koreainvestment.com)

2단계 연금저축 금액 자동이체 신청하기

지○○ 님은 연금저축에 연 900만 원 납입을 희망했으므로 매월 1일마다 급여통장에서 75만 원씩 연금저축으로 자동이체를 신청했다.

3단계 **자동매수할 종목 선택하고 매수 비중 결정하기**

지○○ 님의 투자성향을 상담한 후 다음과 같은 포트폴리오를 제시
했다.

- (30%) RISE 머니마켓펀드(현재 가격 53,545원)
- (30%) KODEX 미국S&P500TR(현재 가격 19,760원)
- (10%) KODEX 미국나스닥100TR(현재 가격 20,635원)
- (30%) KODEX TDF2030액티브(현재 가격 12,995원)

4단계 **포트폴리오에 맞춰 세부 구매 진행하기**

포트폴리오에 맞추어 다음과 같이 매수할 금액* 또는 수량을 선택하
여 구매를 진행했다.

- (30%) RISE 머니마켓펀드 → 매수금액 225,000원, 약 4주
- (30%) KODEX 미국S&P500** → 매수금액 225,000원, 약 11주
- (10%) KODEX 미국나스닥100 → 매수금액 75,000원, 약 4주
- (30%) KODEX TDF2030액티브 → 매수금액 225,000원, 약 17주

---

*   매수금액은 월 납입금액 75만 원에 포트폴리오 비중을 곱하여 계산했으므로 실제 매수금액과 차이가 발
        생한다.

**   이전에 ETF 이름 뒤에 'TR'이 있는 경우가 종종 있었다. TR은 'Total Return'의 줄임말로, 분배금을
        지급하지 않고 재투자하는 종목을 말한다. 하지만 2025년 1월 정부가 배당소득세 탈세 논란을 제기하
        면서 TR ETF 과세 방식을 바꾼다고 발표해 관련 상품이 사라지고 있다.

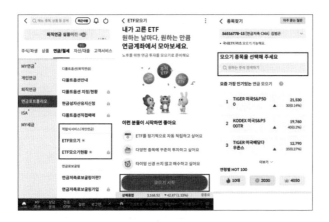

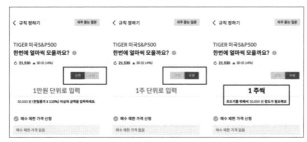

연금저축 ETF 적립식 서비스 화면   자료 출처: 삼성증권(https://www.samsungpop.com)

5단계 적립주기와 매수일 선택하기

적립주기는 '매월', '매주', '매일' 중에서, 매수일은 1일부터 31일 사이
에서 선택할 수 있는데, 지○○ 님은 매월 15일 매수를 결정했다.

6단계 적립기간 선택하기

적립기간은 '5년', '3년', '1년', '직접 입력'을 선택할 수 있는데, 지○○
님은 1년을 선택했다.

7단계 **자동매수 신청 완료하기**

단계별 내용을 확인하고 최종으로 자동매수를 신청했다.

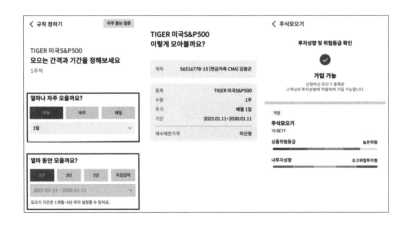

(tip) **연금저축과 ISA로 1억 원 모으기 프로젝트**

'절세 무적통장'이라고 부르는 ISA를 활용해서 비과세 수익을 올리고 연금저축 계좌로
이전해서 세금 혜택까지 받으면 남들보다 빨리 연금자산 1억 원을 모을 수 있다. 다음은
이에 대한 자세한 방법을 설명한 동영상 강의로, 참고하면 좋다.

17

퇴직 후 적정한 노후 생활비는 얼마인가요?

올해 만 55세가 되었고 연금 개시를 앞두고 있습니다. 노후 생활비가 누구는 200만 원이면 충분하다고 하고 누구는 500만 원은 필요하다고 합니다. 사람마다 필요한 생활비가 다르겠지만, 적정한 노후 생활비를 계산하는 방법이 있을까요?

적정한 노후 생활비를 알고 싶다면?
현금 흐름표부터 먼저 작성하자

한○○ 님은 검소한 생활이 몸에 밴 분으로, 퇴직하면 생각보다 많은 돈이 필요하지 않다고 하셨다. 하지만 은퇴 초기 생활비가 은퇴 전과 비슷하거나 여가생활의 증가로 지출이 더 늘어나기도 한다. 한정된 노후 소득을 효율적으로 활용하려면 적정한 노후 생활비를 결정하는 것은 중요하므로 한○○ 님께 현금 흐름표부터 먼저 작성할 것을 권유했다.

현금 흐름표는 일정 기간 동안 발생하는 소득과 지출을 한눈에 볼 수 있도록 정리한 표이다. 크게 '소득'과 '지출', '저축 및 투자'로 구분할 수 있고 각 항목을 정리하면 다음과 같다.

■ 현금 흐름표

① 소득		② 지출	
근로소득	원	변동지출	원
사업소득(임대소득 포함)	원		원
이자소득	원		원
배당소득	원	고정지출	원
연금소득	원		원
기타소득	원	③ 저축 및 투자	원
		잉여자금	원
총수입	**원**	**총지출**	**원**

① 소득

소득세법상 소득원의 종류는 총 6가지다. 근로소득, 사업소득(임대소득 포함), 이자소득, 배당소득, 연금소득, 그리고 기타소득으로 분류할 수 있다.

다음 소득표를 참고하여 은퇴 전 수입원과 은퇴 후 예상 수입원을 비교하여 소득이 얼마나 줄어드는지 체크해볼 필요가 있다.

■ **은퇴 전후 수입원 비교**

은퇴 전 수입원	금액	은퇴 후 예상 수입원	금액
근로소득	원	근로소득	원
사업소득 (임대소득 포함)	원	사업소득 (임대소득 포함)	원
이자소득	원	이자소득	원
배당소득	원	배당소득	원
연금소득	원	연금소득	원
기타소득	원	기타소득	원
합계	원	**합계**	원
줄어드는 소득			원

> 나는 은퇴 후 소득이 얼마나 줄어들까?

② 지출

지출은 '고정지출'과 '변동지출'로 구분할 수 있고, 다시 '비소비성 지출'과 '소비성 지출'로 구분할 수 있다. 지출을 파악하는 것은 적정 노후 생활비를 판단하는 기준이 될 수 있으므로 매우 중요하다.

고정지출	변동지출
• 매월 일정하게 발생하는 지출 • 주택대출 상환금, 임대료, 보험료, 인터넷 및 전화비, 회원권 비용 등	식비, 교통비, 공공요금, 관리비, 의료비, 여가 및 취미 비용처럼 비정기적으로 발생하는 지출

비소비성 지출	소비성 지출
• 일상생활에서 꼭 필요한 지출 • 주택대출 상환금, 임대료, 보험료, 공공요금, 교육비, 세금 등 주로 고정적이고 장기적인 지출	• 일상생활에서 주로 사용하는 지출 • 생활의 편리함이나 즐거움을 위한 비용으로, 반복적이지만 변동성이 있다. • 식비, 의류비, 여가비, 교통비, 가전제품 구입 비용 등

이와 같이 지출을 분류하는 기준은 다양하다. 하지만 적정한 노후 생활비를 파악하기 위해 다음과 같이 항목을 분류하여 현재의 지출과 은퇴 후 지출을 예측해보는 것이 중요하다.

■ 은퇴 전후 지출 항목 비교

은퇴 전 지출 항목	금액	은퇴 후 예상 지출 항목	금액
개인 용돈	원	개인 용돈	원
고정지출	원	고정지출	원
변동지출(생활비)	원	변동지출(생활비)	원
연 단위 비정기 지출 (명절, 휴가, 경조사 등)	원	연 단위 비정기 지출 (명절, 휴가, 경조사 등)	원
기타 지출	원	기타 지출	원
은퇴 전후 차액 비교			원

③ 저축 및 투자

수입에서 저축 및 투자를 차감하면 사용할 수 있는 지출금액을 파악할 수 있다. 반대로 수입에서 고정지출과 변동지출을 차감하면 저축 및 투자할 수 있는 자금의 규모를 파악할 수 있다. 대부분 은퇴 전에는 급여에서 저축과 투자가 이루어지지만, 은퇴 후에는 저축과 투자금액이 감소하거나 더 이상 저축 및 투자하지 못하고 중단하는 경우가 있다. 따라서 적정한 노후 소득을 파악하는 데 저축과 투자금액은 고려하지 않았다.

퇴직 후 예상 수입과 지출 비교 분석하기

퇴직 후 예상 수입과 지출을 정리했으면 수입이 많은 경우와 지출이 많은 경우로 나누어볼 수 있다. 지출이 많은 경우라면 원점으로 돌아가서 연금 전략을 다시 고민해보아야 한다.

사례 1 **퇴직 후 예상 수입 〉 퇴직 후 예상 지출**

은퇴 초기 수입이 지출보다 높은 상황으로, 이 시기에는 수입의 지속 가능성을 꼭 확인해야 한다. 공적연금은 종신 지급되므로 최소 생활비만큼은 공적연금으로 반드시 확보해야 한다. 반면 사적연금은 자유롭게 인출할 수 있어서 은퇴 초기에 많은 자금을 한꺼번에 꺼내 쓸 위험이 있다. 그리고 퇴직 후 공적연금을 수령하기 전까지 소득 공백을 사적연금으로 충당할 경우 사적연금이 감소하는 속도가 생각보다 빠를 수 있다. 따라서 은퇴 초기에 노후 생활비 이상의 소득을 확보했어도 지출하고 남은 자금이 있다면 소비하지 말고 미래의 지출을 위해 안정적으로 보관하는 것이 좋다.

사례 2 **퇴직 후 예상 수입 〈 퇴직 후 예상 지출**

큰일이다! 이 경우에는 부족한 소득을 확보하기 위한 방안이 꼭 필요하다.

① 불필요한 지출을 줄이거나 생활비를 절감할 수 있는 방법을 찾아야 한다.
② 파트타임 일자리 등 경제활동을 통해 추가 소득을 창출해야 한다.
③ 부동산 및 금융자산 중 은퇴소득원으로 활용할 수 있는 자산이 있는지 검토해야 한다.

이번 사례에 해당해도 노후의 재정적 안정을 확보할 수 있는 시간적 여유가 있으므로 체계적이고 신중한 계획을 세워 노후 생활을 준비하는 것이 중요하다.

적정한 노후 생활비 결정하기

마지막으로 노후 생활비를 결정하는 일이 남았다. 노후 생활비를 결정할 때 가장 먼저 최소한의 생계를 유지할 수 있는 비용이 얼마인지 파악하고 이를 충당할 수 있는 소득원이 확보되어 있는지의 여부를 점검해야 한다. 만약 최소 생계비를 유지할 수 있는 소득원이 이미 확보되었다면 최저생계비를 초과하는 소득원으로 다음과 같이 개인의 품위 유지비와 여가생활비의 적정 금액을 결정하면 된다.

- **1순위**: 최소한의 생계를 유지하기 위해 매월 ○○만 원이 필요하다.
- **2순위**: 품위 유지 및 취미활동을 위해 매월 ○○만 원이 필요하다.
- **3순위**: 가족 여행을 위해 매월 ○○만 원의 자금 확보가 필요하다.

■ **적정한 노후 생활비 점검표**

필수 생활비	품위 유지비	여가생활비	합계
원	원	원	원

최소한의 생활을 위한 비용   개인 취미활동 및 품위 유지비   가족 여행 등

> 적정 생활비 외에도 노후 의료비, 간병비 등 위험 관리 대책도 필요하다.

 tip 나를 위한 은퇴 맞춤 리포트 받아보기

필자가 운영하는 '김범곤 연금연구소' 네이버 카페(https://cafe.naver.com/passfinance)
와 '쿼터백자산운용'(https://www.quarterback.co.kr)에서는 독자 여러분을 위해 은
퇴 설계 이벤트를 마련했다. 나만의 은퇴 리포트를 받아보고 싶다면 다음 링크를 클릭해
서 신청하면 된다.

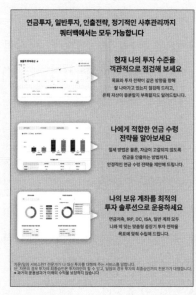

18

ETF 초보 투자자를 위한
연금저축 포트폴리오는?

곤쌤
해결책

저는 만 49세로, 아직은 고소득을 유지하고 있는 직장인입니다. 절세 효과가 탁월한 연금계좌의 중요성을 깨닫고 올해 ISA 계좌에는 2,000만 원, 연금저축에는 1,800만 원을 납입했습니다. 그러나 ETF 상품을 매수해본 경험이 없어서 어떤 종목을 어떤 방식으로 운용해야 할지 모르겠습니다. 저처럼 ETF 투자 초보자를 위해 ETF 종목 선택과 운용방법을 알려줄 수 있을까요?

예금수익률 2배 목표, ETF 투자 추천!

임○○ 님처럼 뒤늦게 연금에 눈을 뜬 분들은 운용방법을 잘 몰라서 예금으로만 돈을 굴리는 경우가 많다. 이 경우 필자는 예금수익률의 2배(약 6% 전후)를 목표로 주식보다 안전하고 예금보다 높은 수익률을 기대할 수 있는 ETF 투자를 추천한다.

주식은 개별 종목 1개를 매수하게 되지만, ETF는 여러 종목을 동시에 매수하게 되므로 분산투자 효과가 커진다는 것이 주식과 ETF의 차이점이다. 예를 들어 삼성전자 주식을 매수하면 삼성전자 주식만 매수하게된다. 하지만 삼성그룹주 ETF를 매수하면 삼성전자를 포함한 삼성그룹 주식을 한 번에 낮은 가격으로 매수할 수 있게 된다.

■ 삼성그룹주 ETF의 구성 종목

ETF 종목명	구성 종목
KODEX 삼성그룹(102780) (2025년 1월 10일 현재 가격 8,300원)	삼성전자
	삼성바이로로직스
	삼성SDI
	삼성물산
	삼성화재
	삼성중공업
	삼성생명
	삼성전기
	삼성에스디에스
	삼성E&A
	삼성증권
	에스원
	호텔신라
	제일기획
	삼성카드

왕초보는 S&P500, 나스닥100, SCHD 추종 ETF 추천!

ETF 투자가 처음이라면 미국의 S&P500, 나스닥100, SCHD(미국 배당주)를 추종하는 ETF 종목을 적립식으로 모아가는 것이 좋다. 2011년부터 2024년까지 각 지수별 연평균수익률은 다음과 같다. 연금계좌에서는 우리나라 주식과 미국 주식을 직접적으로 매수할 수 없지만, 우리나라에서 출시한 ETF를 매수할 수 있다.

● 2011년~2024년 각 지수별 연평균수익률

(단위: %)

연도	S&P500(티커:SPY)	나스닥100(티커:QQQ)	SCHD(티커:SCHD)
2011년	2.05	8.09	4.35
2012년	14.00	10.47	12.40
2013년	19.02	29.01	17.12
2014년	11.94	17.19	10.22
2015년	−2.87	3.00	−2.41
2016년	17.45	19.63	15.07
2017년	23.90	35.99	23.39
2018년	−4.25	−0.73	−6.90
2019년	19.19	30.27	14.23
2020년	15.03	43.59	11.70
2021년	21.57	15.42	23.69
2022년	−9.65	−19.85	−1.92
2023년	18.80	41.53	−1.13
2024년	21.64	21.64	6.28
연평균수익률	**11.99**	**18.23**	**9.01**
동일 비중 연평균수익률	**13.08**		

자료 출처: Trading View(https://kr.tradingview.com)

물론 과거의 수익률이 미래의 수익을 보장하지 않는다. 하지만 전 세계 주식 시가총액의 약 42.5%를 차지하고 있는 미국 시장에 투자하는 것이 2.7%를 차지하고 있는 국내 시장에 투자하는 것보다는 더 나은 결과를 가져오지 않을까? 그러면 각 ETF의 특성을 자세히 살펴보자.

① S&P500

S&P500은 미국 주요 500대 기업의 주가를 반영하는 지수로, 미국 경제 전반을 대표하는 중요한 지표이고 다양한 산업과 시장 성과를 반영한다. 그리고 주식 투자자들에게 전체 미국 경제 상태를 파악하는 데 도움을 준다.

지난 14년간 S&P500의 연평균수익률은 11.99%이고 2017년 최고의 해 수익률은 23.9%, 2022년 최악의 해 수익률은 -9.65%이다. S&P500은 매년 이익이 발생하지는 않지만, 장기적으로 보았을 때 안정적으로 우상향하고 있다. 국내에 상장되어 있는 S&P500 지수를 추종하는 ETF 중 시가총액이 높은 2종목은 다음과 같다.

■ **S&P500 지수 추종 시가총액이 높은 ETF 2종목**

ETF 종목	시가총액	연간 분배율(연간 지급횟수)
TIGER 미국S&P500	7조 2,954억 원	1.18%
KODEX 미국S&P500	3조 5,706억 원	약 1.00%

② 나스닥100

나스닥100은 미국의 주요 100대 기술주를 대표하는 지수로, 미국의 주요 기술 기업들의 주가 변동을 반영한다. 나스닥 시장에서 가장 큰 시장 가치를 가진 기업들을 포함하고 기술 산업의 성과를 추적하는 데 나스닥100은 매우 유용하다.

지난 14년간 나스닥100의 연평균수익률은 18.23%로, S&P500에 비해 높지만 그만큼 주가 변동폭이 크다. 2020년 최고의 해 수익률은 43.59%, 2022년 최악의 해 수익률은 -19.85%이다. 나스닥100은 지난 14년 동안 2번 손실이 발생했지만, 장기적으로 수익률은 우상향했다. 국내에 상장되어 있는 나스닥100 지수를 추종하는 ETF 중 시가총액이 높은 2종목은 다음과 같다.

■ 나스닥 지수 추종 시가총액이 높은 ETF 2종목

ETF 종목	시가총액	연간 분배율(연간 지급횟수)
TIGER 미국나스닥100	4조 5,197억 원	0.52%
KODEX 미국나스닥100	1조 7,674억 원	약 0.50%

③ SCHD

> SCHD는 미국의 주요 기업들의 배당금을 중심으로 구성된 ETF로, 배당금 수익을 통해 안정적인 현금 흐름(배당)을 창출하는 것이 목표이다. SCHD는 배당금 수익을 중시하는 투자자들에게 적합한 투자상품으로, 미국의 안정적인 배당금을 제공하는 기업들을 포함한다.

지난 14년간 SCHD의 연평균수익률은 9.01%로, 다른 종목보다는 상대적으로 수익률이 낮다. 하지만 SCHD는 S&P500이나 나스닥100보다 분배율을 연 3% 정도 지급하고 있으므로 일정한 현금 흐름이 필요한 투자자에게 적합한 종목이다. 2021년 최고의 해 수익률은 23.69%, 2015년 최악의 해 수익률은 -2.41%로, S&P500과 나스닥100에 비해 SCHD는 가격 변동폭이 상당히 낮다고 볼 수 있다. 국내 상장되어 있는 SCHD 지수를 추종하는 ETF는 총 5종목으로, 모두 월 배당금을 지급하고 있다.

■ SCHD 지수 추종 시가총액이 높은 ETF 5종목

ETF 종목	시가총액	연간 분배율(연간 지급횟수)
TIGER 미국배당다우존스	2조 279억 원	3.43%(12회)
SOL 미국배당다우존스	7,874억 원	3.41%(12회)
ACE 미국배당다우존스	6,007억 원	3.56%(11회)
KODEX 미국배당다우존스*	2,969억 원	1.19%(4회)
SOL 미국배당다우존스(H)	2,374억 원	3.67%(12회)

임○○ 님을 위한 ETF 포트폴리오 제안

임○○ 님이 지금처럼 연금저축에 연 1,800만 원, 월 150만 원을 납입한다고 가정했을 때 포트폴리오를 구성하면 다음과 같다.**

1단계 투자성향에 따라 위험자산과 안전자산의 비중 정하기
다음은 투자성향별로 위험자산과 안전자산의 비중을 정리한 것이

---

* KODEX 미국배당다우존스 종목은 2024년 8월 13일에 상장되어 분배금을 4회 반 지급했으므로 다른 종목의 분배율보다 낮지만, 1년 기준으로 연간 분배율 수준은 다른 종목과 큰 차이는 없다.

** 연금계좌(연금저축+퇴직연금)의 연간 납입한도는 1,800만 원이다. 세액공제한도는 연금저축은 연 600만 원, IRP는 연 900만 원으로, 이들 두 계좌를 합산할 경우 세액공제한도액은 총 900만 원이다. 임○○ 님은 연금저축에만 연1,800만 원을 채워 납입했다.

다. 임○○ 님은 투자성향이 공격형으로 나와서 안전자산 40%, 위험자산 60%로 투자 비중을 정했다.

■ **투자성향별 안전자산과 위험자산 비중**

	매우 안정형	안정형	중립형	공격형	매우 공격형
안전자산	90%	80%	60%	40%	20%
위험자산	10%	20%	40%	60%	80%
총합	100%	100%	100%	100%	100%

2단계 **매월 적립할 금액 정하기**

다음은 연금저축에 월 150만 원씩 연 1,800만 원을 납입한다고 가정했을 때 투자성향별로 납입금액을 정리한 것이다. 임○○ 님은 공격형으로, 적립할 금액을 안전자산 60만 원, 위험자산 90만 원으로 정했다.

■ **투자성향별 안전자산과 위험자산의 납입금액**

	매우 안정형	안정형	중립형	공격형	매우 공격형
안전자산	135만 원	120만 원	90만 원	60만 원	30만 원
위험자산	15만 원	30만 원	60만 원	90만 원	120만 원
총합	150만 원	150만 원	150만 원	150만 원	150만 원

3단계 **안전자산으로 매수할 종목 및 매수금액 정하기**

임○○ 님의 성향에 맞추어 안전자산을 40%로 정했으므로 금리형 ETF에 총투자금액 월 150만 원 중 60만 원을 투자할 예정이다. ETF 종목은 많지만 대부분 비슷하다. 매일 매수와 매도를 반복하지 않으면 원금 손실은 거의 없다. 선택 기준은 직전 1년 수익률이 상대적으로 높은 ETF

종목을 선택하는 것이 좋다.

■ 직전 1년 수익률이 높은 ETF 종목

기초 자산	ETF 종목	시가총액	현재 가격 (2025. 1. 10 기준)	1년 수익률
CD 금리	KODEX CD금리액티브(합성)	9조 156억 원	105만 9,600원	3.56%
	TIGER CD금리투자KIS(합성)	6조 3,296억 원	5만 5,530원	3.53%
MMF	RISE 머니마켓액티브	2조 3,262억 원	5만 3,545원	4.02%

- **CD 금리**: 은행에서 발행하는 단기예금증서로, 특정 기간 동안 예금된 금액에 대해 일정한 이자를 지급받는 금융상품
- **MMF**: 여러 은행, 증권사, 금융기관 등에서 발생하는 단기금융상품. 여러 종류의 단기금융 상품을 포함한 포트폴리오로 구성되고 다양한 단기금융상품에 투자하여 수익을 창출한다.

4단계 위험자산으로 매수할 종목 및 매수금액 정하기

임○○ 님의 성향에 따라 위험자산은 60%로 정했고 미국 주식 관련 ETF에 총투자금액 월 150만 원 중 90만 원을 투자할 예정이다. 다음과 같은 투자 비중과 금액으로 매수를 결정했다.

■ 위험자산 매수 종목 및 투자 비중

기초 자산	ETF 종목	투자 비중	시가총액	1년 수익률	분배율
S&P500	KODEX 미국S&P500	50%	3조 5,706억 원	39.25%	약 1.00%
나스닥100	KODEX 미국나스닥100	20%	1조 7,674억 원	41.05%	약 0.50%
SCHD	TIGER 미국배당다우존스	30%	2조 279억 원	22.58%	3.43%
총합		100%			

위험자산으로 매수한 ETF

● **투자성향에 따른 위험자산 매수금액**

위험자산	매우 안정형	안정형	중립형	공격형	매우 공격형
S&P500(50%)	7만 5,000원	15만 원	30만 원	45만 원	60만 원
나스닥100(20%)	3만 원	6만 원	12만 원	18만 원	24만 원
SCHD(30%)	4만 5,000원	9만 원	18만 원	27만 원	36만 원
매수금액(비중)	15만 원	30만 원	60만 원	90만 원	120만 원

5단계 포트폴리오 최종 정리하기

임○○ 님의 공격형으로, 안전자산에 40%, 위험자산에 60% 비중을 반영했다. 그리고 위험자산에 편입할 기초 자산 중 S&P500에는 30%, 나스닥100에는 12%, SCHD에는 18% 비중을 반영하여 다음과 같이 최종 포트폴리오를 정리했다.

● **연금저축 ETF 포트폴리오**(매월 150만 원 매수 가정)

기초 자산	ETF 종목	투자 비중(공격형)	세부 비중	매수금액
MMF	RISE 머니마켓액티브	40%	40%	150만 원×40%=60만 원
S&P500	KODEX 미국S&P500		30%	150만 원×30%=45만 원
나스닥100	KODEX 미국나스닥100	60%	12%	150만 원×12%=18만 원
SCHD	TIGER 미국배당다우존스		18%	150만 원×18%=27만 원
총합		**100%**		**150만 원**

정기적인 리밸런싱 주기 정하기

그렇다면 언제 리밸런싱을 하는 것이 가장 좋을까? 사실 정답은 없다. 다만 리밸런싱을 하지 않는 것보다 하는 것이 좋다. 리밸런싱은 상대적으로 수익률이 높아서 비중이 높아진 종목은 줄이고 수익률이 낮아서 비중이 낮아진 종목은 비중을 높이는 것으로, 포트폴리오 중에서 일부 이익을 실현해 장기적으로 재투자할 수 있게 해준다. 리밸런싱을 진행하다 보면 중간중간에 얼마를 매도하고 매수해야 하는지 계산이 번거롭다는 의견이 많으므로 다음 예시를 통해서 리밸런싱하는 방법을 터득해보자.

 사례 2024년 1월 2일 150만 원을 다음 종목에 투자했다고 가정했을 때 1년 후 평가 금액과 포트폴리오 비중은 어떻게 될까?

■ 리밸런싱 전

기초 자산	ETF 종목	매수 비중	매수금액	수익률	평가금액	현재 비중
MMF	RISE 머니마켓액티브	40%	60만 원	4.01%	62만 4,060원	34.00%
S&P500	KODEX 미국S&P500	30%	45만 원	39.25%	62만 6,625원	34.14%
나스닥100	KODEX 미국나스닥100	12%	18만 원	41.05%	25만 3,890원	13.83%
SCHD	TIGER 미국배당다우존스	18%	27만 원	22.58%	33만 966원	18.03%
	총합	100%	150만 원	23.37%	183만 5,541원	100%

① 안전자산으로 최초 40% 비중으로 매수했던 RISE 머니마켓액티브 종목

1년 전 40% 비중으로 매수했는데, 현재 34%로 비중이 감소했다. 비중이 감소했는데도 수익률이 4.01%이므로 종목의 비중이 감소했다고 수익률이 하락했다고 판단하면 안 된다. 왜냐하면 전체 포트폴리오 종목 중 상대적으로 가격이 덜 상승하거나 하락했다는 것을 의미하지, 손실이 발생했다는 의미가 아니기 때문이다.

② S&P500을 기초 자산으로 하는 KODEX 미국S&P500 종목

1년 전 30% 비중으로 매수했는데, 현재 34.14%로 비중이 증가했다.

③ 나스닥100을 기초 자산으로 하는 KODEX 미국나스닥100 종목

1년 전 12% 비중으로 매수했는데, 현재 13.83%로 비중이 증가했다.

④ SCHD를 기초 자산으로 하는 TIGER 미국배당다우존스 종목

1년 전 18% 비중으로 매수했는데, 현재 18.03%로 비중이 소폭 증가했다.

이렇게 최초 매수했을 때 비중과 평가하는 시점의 비중은 가격 변화에 따라 달라지므로 리밸런싱을 통해 원래의 비중으로 바꿔주면 된다.

■ 리밸런싱 후

기초 자산	ETF 종목	매수 비중	현재 비중	비중 변화	평가금액	리밸런싱 금액
MMF	RISE 머니마켓 액티브	40%	34.00%	-6.00%	62만 4,060원	11만 156원 매수
S&P500	KODEX 미국 S&P500	30%	34.14%	+4.14%	62만 6,625원	7만 5,963원 매도
나스닥100	KODEX 미국 나스닥100	12%	13.83%	+1.83%	25만 3,890원	3만 3,625원 매도
SCHD	TIGER 미국 배당다우존스	18%	18.03%	+0.03%	33만 966원	569원 매도
	총합	100%	100%			

리밸런싱을 진행할 때는 매도를 먼저 하고 매도한 대금으로 매수하면 된다. 리밸런싱내역을 세부적으로 기록하면 다음과 같다.

- KODEX 미국S&P500 7만 5,963원에 매도
- KODEX 미국나스닥100 3만 3,625원에 매도
- IGER 미국 배당 다우존스 569원에 매도
→ RISE 머니마켓액티브 종목에 11만 156원 매수

리밸런싱하면서 매도금액과 매수금액이 딱 맞지 않는다면?

결론부터 말하면 자로 잰 듯 매도금액과 매수금액을 정확하게 딱딱 맞출 필요는 없다. 리밸런싱 금액을 계산했는데 금액이 소소해서 1주도 매수하거나 매도할 수 없다면 그냥 두거나 1주를 더 매수하거나 매도하면 된다. 또한 금액으로 매수하므로 리밸런싱 후 애매하게 예수금이 남을 수 있다. 이 경우 안전자산의 매수자금으로 활용하거나 추후 적립매수할 때 매수금액과 합산하여 매수 대기자금으로 활용하면 된다.

다음은 안전한 연금 포트폴리오 구성법과 폭락을 견디는 연금 리밸린싱에 대해 정리한 동영상 강의로, 참고하면 좋다.

19

퇴직금 1억 8,000만 원, 월 배당 ETF 투자로 분배금만큼 인출하려면?

저는 올해 만 55세로 퇴직이 코앞입니다. IRP 계좌의 예상 퇴직금은 1억 8,000만 원이고 퇴직 후 바로 연금을 개시하여 인출하려고 합니다. IRP 계좌 운용은 월 배당 ETF를 활용하면 좋다고 해서 공부하고 싶습니다. 연 6~8% 월 배당을 받을 수 있는 포트폴리오를 알고 싶은데, 이 경우 발생할 수 있는 세금은 어느 정도일까요?

원금 훼손 없이 월 배당 ETF에 투자하고 싶다면?

정○○ 님 사례처럼 월 배당 ETF 투자로 나오는 분배금만큼만 매월 생활비로 인출하고 싶어하는 분들이 많다. 그렇다면 가장 먼저 퇴직금 으로 월 배당 ETF를 분할매수할 것인지, 일시금으로 매수할지를 결정해 야 한다.

일시금으로 매수하면 첫 달부터 바로 희망하는 목표 분배율만큼 배 당금을 받을 수 있다. 다만 현재 매수한 가격보다 ETF 가격이 상승해야 이익이 발생하고 하락하면 손실이 발생한다.

일시금 매수, 분할매수, 일부 분할매수 중에서 선택하자

이와 반대로 적립식으로 매수하면 ETF 매수 시점을 분산시킬 수 있다. 그래서 매수한 시점부터 ETF 가격이 하락했을 경우에는 일시금으로 매수했을 때보다 좋다. 반대로 매수하는 시점에 ETF 가격이 상승한다면 오히려 일시금으로 매수했을 때보다 더 비싼 가격으로 ETF를 구매하게 된다는 단점이 있다. 따라서 어떤 의사 결정을 하든 장점과 단점이 있는데, 결정하기가 어렵다면 다음 3가지 시뮬레이션을 참고해보자.

■ 일시금 매수, 분할매수, 일부 분할매수별 장단점 비교

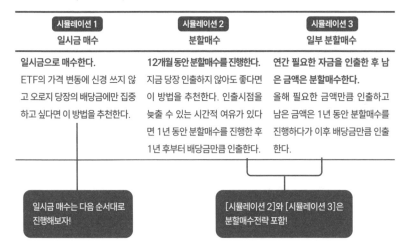

시뮬레이션 1 일시금 매수	시뮬레이션 2 분할매수	시뮬레이션 3 일부 분할매수
일시금으로 매수한다. ETF의 가격 변동에 신경 쓰지 않고 오로지 당장의 배당금에만 집중하고 싶다면 이 방법을 추천한다.	12개월 동안 분할매수를 진행한다. 지금 당장 인출하지 않아도 좋다면 이 방법을 추천한다. 인출시점을 늦출 수 있는 시간적 여유가 있다면 1년 동안 분할매수를 진행한 후 1년 후부터 배당금만큼 인출한다.	연간 필요한 자금을 인출한 후 남은 금액은 분할매수한다. 올해 필요한 금액만큼 인출하고 남은 금액은 1년 동안 분할매수를 진행하다가 이후 배당금만큼 인출한다.

일시금 매수는 다음 순서대로 진행해보자!

[시뮬레이션 2]와 [시뮬레이션 3]은 분할매수전략 포함!

1단계 분할매수기간 선택하기 – 정○○ 님은 일시금 매수 결정

정○○ 님은 일시금 매수와 분할매수를 고민한 후 퇴직금 1억 8,000만 원 전체를 일시금으로 매수하기로 결정했다.

■ 정○○ 님의 일시금 매수 내역

	투자금액 및 횟수	비고
연금계좌 평가액	1억 8,000만 원	현재 연금 평가액
위험자산 매월 매수금액	0원	분할매수 ×
위험자산 분할매수기간	1개월	일시금 매수

2단계 자산군 비중 결정하기
– 안전자산 20%, 미국 주식 10%, 월 배당 ETF 70%

목적에 따라 월 배당 ETF로 100%로 포트폴리오를 구성할 수 있지만, 정○○ 님은 퇴직이 코앞이고 리스크 관리를 위해 안전자산, 수익성을 위한 미국 주식, 현금 흐름을 창출하기 위한 월 배당 ETF 포트폴리오로 자산군을 분산하여 포트폴리오를 구성했다.

■ 정○○ 님의 자산군 비중

자산군	투자 비중	일시금 매수
안전자산	20%	3,600만 원
미국 주식	10%	1,800만 원
월 배당 ETF 포트폴리오	70%	1억 2,600만 원
총합	100%	1억 8,000만 원

3단계 안전자산 포트폴리오 종목 및 예상 분배금(배당금) 구성하기

최근 안전자산도 매월 분배금(배당금)을 지급하는 종목이 생겼다. TIGER CD금리플러스액티브(합성)가 대표적인 종목으로, 다른 ETF보다 비싸다.

■ 정○○ 님의 현금성 자산 포트폴리오 종목

자산군	ETF 종목	비중(매수금액)	예상 분배율	연 예상 분배금
안전자산	TIGER CD금리플러스액티브(합성)	100% (3,600만 원)	3.2%	115만 2,000원
	총합	3,600만 원	3.2%	115만 2,000원

4단계 미국 주식 포트폴리오 종목 및 예상 분배금(배당금) 구성하기

인플레이션을 일정 부분 헷지할 목적으로 S&P500과 나스닥100을 기초 자산으로 하는 ETF를 편입했다. S&P500이나 나스닥100 종목처럼 성장 중심인 ETF 종목의 투자 비중을 높이면 전체 포트폴리오의 변동성이 커지고 분배율은 낮아진다.

■ 정○○ 님의 미국 주식 포트폴리오 종목

자산군	ETF 종목	비중(매수금액)	예상 분배율	연 예상 분배금
미국 주식	KODEX 미국S&P500	60%(1,080만 원)	1.0%	10만 8,000원
	KODEX 미국나스닥100	40%(720만 원)	0.5%	3만 6,000원
	총합	1,800만 원	0.8%	14만 4,000원

5단계 월 배당 ETF 포트폴리오 종목 및 예상 분배금(배당금) 구성하기

월 배당 ETF는 기초 자산과 종목이 다양하므로 기초 자산을 혼합하여 다양한 포트폴리오를 구성할 수 있다. 그리고 목표 분배율에 따라 커버드콜* 편입 여부가 결정되는데, 보통 연 6% 이상의 목표 분배율을 목

---

* **커버드콜**: 커버드콜은 콜 옵션(Call Option)을 포함한다는 뜻이다. 이 상품은 옵션 개념을 이해해야 하는데, 옵션은 미래의 특정 시점에 특정 자산을 정해진 가격으로 사고팔 수 있는 권리를 말한다. 따라서 콜 옵션은 만기일 이전에 사는 권리이고 풋 옵션(Put Option)은 만기일 이전에 파는 권리다. 이런 상품은 주식을 보유한 상태에서 콜옵션을 매도하여 옵션 프리미엄을 받고 이 돈으로 분배금을 주기 위해 등장했는데, 주식이 하락해도 이 분배금으로 손실을 보충할 수 있다.

표로 한다면 커버드콜 ETF가 포트폴리오에 일정 비중 포함되어야 한다.

월 배당 ETF + 커버드콜 = 6% 이상 분배율 기대

■ 정○○ 님의 월 배당 ETF 포트폴리오 종목

자산군	ETF 종목	비중(매수금액)	예상 분배율	연 예상 분배금
국내 주식	TIMEFOLIO Korea 플러스배당액티브	10.0% (1,260만 원)	5.5%	
	PLUS 고배당주	10.0% (1,260만 원)	5.5%	
SCHD	TIGER 미국배당다우존스	10.0% (1,260만 원)	3.4%	
SCHD+ 커버드콜	TIGER 미국배당다우존스타겟커버드콜 2호	20.0% (2,520만 원)	10.0%	
커버드콜	TIGER 미국S&P500타겟데일리커버드콜	15.0% (1,890만 원)	15.0%	1,195만 7,400원
	KODEX 미국나스닥100데일리커버드콜 OTM	15.0% (1,890만 원)	15.0%	
인컴 (자산 배분)	ACE 글로벌인컴TOP10 SOLACTIVE	10.0% (1,260만 원)	7.0%	
	KODEX 테슬라커버드콜채권혼합액티브	2.5% (315만 원)	15.0%	
	TIGER 엔비디아미국채커버드콜밸런스 (합성)	2.5% (315만 원)	12.0%	
	SOL 미국배당미국채혼합50	5.0% (630만 원)	3.4%	
총합		1억 2,600만 원	9.49%	1,195만 7,400원

일정 비중 커버드콜 ETF 포함

[6단계] 포트폴리오 예상 현금 흐름 정리하기

각 자산군에서 발생할 수 있는 예상 현금 흐름을 정리해야 한다. 목표 분배율이므로 예상보다 분배금(배당금)이 높거나 낮게 발생할 수 있으므로 인출계획을 세울 때는 예상 분배금보다 낮은 금액으로 결정하기를 권장한다. 정○○ 님의 경우에는 대략 월 100만 원 전후 분배금을 받을 수 있도록 설계했다.

■ 정○○ 님의 예상 현금 흐름

자산군	투자 비중	예상 분배율	포트폴리오 예상 분배율	예상 분배금(배당금)
안전자산	20%	3.20%		연 115만 2,000원
미국 주식	10%	0.80%	7.36%	연 10만 8,000원
월 배당 ETF 포트폴리오	70%	9.49%		연 1,195만 7,400원
총합	100%			연 1,321만 7,400원 (월) 110만 1,450원

ETF의 가격 변동은 반영하지 않았다.

연금 인출 시 세금은 얼마일까?
정○○ 님의 연금 수령한도 계산하기

정○○ 님은 퇴직 후 IRP 계좌에 1억 8,000만 원의 퇴직금이 입금되었다. 퇴직소득원천징수영수증을 확인하니 퇴직소득세는 6,242,500원, 실효세율은 3.47%였다.[*]

---

[*]   퇴직소득세와 퇴직소득세 실효세율 계산방법에 대해서는 47쪽을 참고한다.

인출금액에 따른 세금을 계산하려면 먼저 연금 수령한도를 계산해야 한다. 연금 수령한도는 '연금계좌 평가금액/(11-연금 수령 연차)×120%'가 반영되므로 정○○ 님의 연금 수령한도는 다음과 같다. 연금 수령한도 이내 금액을 인출하면 퇴직소득세 30%를 감면받을 수 있지만, 초과하여 인출한 경우 초과인출금액에 대해서는 퇴직소득세 감면이 없다.

정○○ 님의 연금 수령한도

$$\frac{1억 8,000만 원}{11-1} \times 120\% = 연 2,160만 원$$

정○○ 님의 퇴직소득세 계산하기

정○○ 님의 연금 수령한도는 연금 수령 연차 1년 차를 반영하면 2,160만 원이다. 하지만 실제 인출금액은 연간 분배금(배당금)만큼 인출하여 노후 소득을 확보하기로 했으므로 약 1,300만 원이다. 이 경우 연간 발생하는 퇴직소득세는 31만 5,770원으로, 세후 1,268만 4,230원을 수령하게 된다.

정○○ 님의 퇴직소득세

인출금액 1,300만 원 × 퇴직실효세율 3.47% × 70%(퇴직소득세 30% 감면)
= 31만 5,770원

연간 필요 자금을 모두 인출할까, 매월 분배금만큼 인출할까?

　월 배당 ETF를 매수했어도 매월 분배금은 일정하게 지급되지 않을 가능성이 높다. 정○○ 님처럼 IRP 계좌에서 연 1,300만 원, 월평균 108만 원을 인출할 계획이라면 연금 개시 1차 연도에 한꺼번에 인출한 1,300만 원은 현금성 자산에 보관하여 매월 108만 원을 인출하면 된다. 그러다가 2차 연도부터는 매월 분배금을 지급받으면 되는데, 현금성 자산으로 입금되므로 인출계획에 맞춰 수령하면 된다. 이와 별도로 IRP 계좌의 현금성 자산에 입금된 분배금은 보관 중 수익이 0%가 아니라 매년 정기예금 금리 정도의 수익을 지급하고 있으므로 별도로 재투자할 계획을 세울 필요 없이 그냥 놔두어도 좋다.

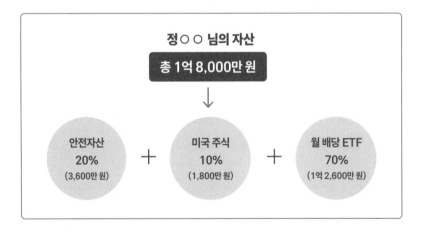

2주마다 배당금이 들어오는 월중배당 커버드콜 ETF

커버드콜 ETF 상품이 나날이 진화하고 있다. 요즘에는 월 1회 배당금만으로 부족해서 2주에 한 번 배당하는 월중배당 상품이 인기를 얻고 있다.

다음은 이들 상품의 수익률부터 옵션 비중까지 낱낱이 분석한 동영상 강의로, 관련 내용이 지속적으로 업데이트되고 있으므로 참고하면 좋다.

아울러 월 배당 커버드콜 ETF 종목의 월 배당 분배금과 수익률을 총정리하여 순위를 매긴 동영상 강의도 소개한다.

부록

월 배당
ETF TOP 5
리스트
(ft. 분배금 & 수익률)

55세 전, 연금을 키워라!

월 배당 ETF 종목은 101개(2025년 1월 7일 기준)

기초 자산	상장 종목 수	배당수익률 1위 ETF 종목	연 수익률	직전 1년 배당수익률	2024년 지급 횟수
현금성 자산	2종목	–	–	–	0회
국내 주식	15종목	TIMEFOLIO Korea플러스 배당액티브	8.83%	18.96%	12회
한국형 SCHD	5종목	SOL 미국배당다우존스(H)	3.67%	5.55%	12회
미국 & 글로벌 주식 등	11종목	KODEX 대만테크고배당 다우존스	3.30%	−2.00%	5회
커버드콜 미국	19종목	TIGER 미국나스닥100 커버드콜(합성)	10.92%	24.29%	12회
커버드콜 미국 채권	4종목	SOL 미국30년국채커버드콜 (합성)	12.59%	−3.43%	12회

기초 자산	상장 종목 수	배당수익률 1위 ETF 종목	연 수익률	직전 1년 배당수익률	2024년 지급 횟수
커버드콜 국내	8종목	RISE 200위클리커버드콜	13.90%	−20.69%	10회
미국 채권	11종목	ACE 미국하이일드액티브(H)	6.37%	−0.10%	12회
한국 채권	5종목	RISE 25−11 회사채(AA− 이상)액티브	4.71%	−0.09%	12회
인컴(자산 배분형)	8종목	KODEX 테슬라커버드콜채권 혼합액티브	13.44%	0.35%	11회
리츠	13종목	KODEX 일본부동산리츠(H)	8.82%	−10.39%	12회

 2025년 1월부터 연금계좌 혜택 중 하나였던 과세이연이 해외 주식에 투자하는
토탈리턴형(TR) ETF에서 사라진 후 국내 상장 해외 배당 ETF에도 적용되어 혼
란스러운 상황이다. 반면 국내 배당 ETF는 연금계좌에서 과세이연 절세 혜택이
유효하다. 좀 더 자세한 내용은 다음 동영상 강의를 참고하면 좋다.

월 배당 ETF 종목은 101개(2025년 1월 7일 기준)

기초 자산	상장 종목 수	수익률 1위 ETF 종목	연 수익률	직전 1년 배당수익률	2024년 지급 횟수
현금성 자산	2종목	–	–	–	–
국내 주식	15종목	TIGER 은행고배당플러스 TOP10	40.42%	5.63%	12회
한국형 SCHD	5종목	ACE 미국배당다우존스	21.52%	3.56%	11회
미국 & 글로벌 주식 등	11종목	SOL 미국S&P500	41.87%	0.94%	12회
커버드콜 미국	19종목	TIGER 미국테크TOP10타겟 커버드콜	57.44%	7.38%	11회
커버드콜 미국 채권	4종목	SOL 미국30년국채커버드콜 (합성)	-3.43%	12.59%	12회

기초 자산	상장 종목 수	수익률 1위 ETF 종목	연 수익률	직전 1년 배당수익률	2024년 지급 횟수
커버드콜 국내	8종목	RISE 200고배당커버드콜 ATM	9.52%	8.25%	12회
미국 채권	11종목	KODEX iShares미국하이 일드액티브	16.18%	6.05%	12회
한국 채권	5종목	히어로즈 국고채30년액티브	11.66%	1.00%	5회
인컴(자산 배분형)	8종목	TIGER 글로벌멀티에셋TIF 액티브	19.59%	3.16%	12회
리츠	13종목	RISE 글로벌리얼티인컴	4.74%	3.74%	10회

기초 자산(국내 주식) 토탈리턴 수익률 TOP 5 03

순위	ETF 종목	토탈리턴 수익률	배당률	수익률	2024년 지급 횟수
1위	TIGER 은행고배당플러스TOP10	46.05%	5.63%	40.42%	12회
2위	KODEX 은행	37.37%	6.42%	30.95%	7회
3위	KOSEF 고배당	32.15%	5.86%	26.29%	6회
4위	PLUS 고배당주	30.74%	8.72%	22.02%	9회
5위	TIMEFOLIO Korea플러스배당액티브	27.79%	8.83%	18.96%	12회

기초 자산(한국형 SCHD) 토탈리턴 수익률 TOP 5　04

순위	ETF 종목	토탈리턴 수익률	배당률	수익률	2024년 지급 횟수
1위	ACE 미국배당다우존스	25.08%	3.56%	21.52%	11회
2위	SOL 미국배당다우존스	24.65%	3.41%	21.24%	12회
3위	TIGER 미국배당다우존스	24.28%	3.43%	20.85%	12회
4위	KODEX 미국배당다우존스	12.65%	1.19%	11.46%	4회
5위	SOL 미국배당다우존스(H)	9.22%	3.67%	5.55%	12회

기초자산(미국 & 글로벌 주식 등) 토탈리턴 수익률 TOP 5 05

순위	ETF 종목	토탈리턴 수익률	배당률	수익률	2024년 지급횟수
1위	SOL 미국S&P500	42.81%	0.94%	41.87%	12회
2위	HANARO 미국S&P500	42.21%	0.71%	41.50%	12회
3위	TIGER 미국다우존스30	28.53%	1.57%	26.96%	12회
4위	TIGER 미국캐시카우100	28.29%	1.83%	26.46%	12회
5위	RISE 미국S&P500(H)	25.39%	1.27%	24.12%	12회

기초자산(커버드콜 미국 주식) 토탈리턴 수익률 TOP 5 06

순위	ETF 종목	토탈리턴 수익률	배당률	수익률	2024년 지급횟수
1위	TIGER 미국테크TOP10타겟커버드콜	64.82%	7.38%	57.44%	11회
2위	ACE 미국빅테크7+데일리타겟커버드콜(합성)	42.81%	9.14%	33.67%	8회
3위	TIGER 미국나스닥100커버드콜(합성)	35.21%	10.92%	24.29%	12회
4위	KODEX 미국AI테크TOP10타겟커버드콜	31.73%	7.92%	23.81%	7회
5위	KODEX 미국배당커버드콜액티브	30.24%	7.71%	22.53%	12회

순위	ETF 종목	토탈리턴 수익률	배당률	수익률	2024년 지급횟수
1위	SOL 미국30년국채커버드콜(합성)	9.16%	12.59%	−3.43%	12회
2위	RISE 미국30년국채커버드콜(합성)	3.15%	2.10%	1.05%	2회
3위	KODEX 미국30년국채타겟커버드콜(합성H)	−1.93%	9.05%	−10.98%	8회
4위	TIGER 미국30년국채커버드콜액티브(H)	−6.32%	11.67%	−17.99%	10회

기초자산(커버드콜 국내 주식) 토탈리턴 수익률 TOP 4 08

순위	ETF 종목	토탈리턴 수익률	배당률	수익률	2024년 지급횟수
1위	RISE 200고배당커버드콜ATM	17.77%	8.25%	9.52%	12회
2위	TIGER 배당커버드콜액티브	3.93%	9.31%	−5.38%	12회
3위	TIGER 200커버드콜	1.83%	9.01%	−7.18%	12회
4위	TIGER 200커버드콜OTM	1.12%	4.56%	−3.44%	12회

순위	ETF 종목	토탈리턴 수익률	배당률	수익률	2024년 지급횟수
1위	히어로즈 국고채30년액티브	12.66%	1.00%	11.66%	5회
2위	RISE 금융채액티브	5.47%	3.79%	1.68%	12회
3위	RISE 중기우량회사채	5.18%	3.43%	1.75%	12회
4위	RISE 25-11 회사채(AA- 이상)액티브	4.62%	4.71%	-0.09%	12회
5위	RISE 25-03 회사채(AA- 이상)액티브	3.91%	3.70%	0.21%	12회

기초자산(미국 채권) 토탈리턴 수익률 TOP 5

순위	ETF 종목	토탈리턴 수익률	배당률	수익률	2024년 지급횟수
1위	KODEX iShares미국하이일드액티브	22.23%	6.05%	16.18%	12회
2위	KODEX iShares미국인플레이션국채액티브	13.72%	2.07%	11.65%	9회
3위	KODEX iShares미국투자등급회사채액티브	13.52%	3.93%	9.59%	12회
4위	ACE 미국하이일드액티브(H)	6.27%	6.37%	−0.10%	12회
5위	RISE 미국30년국채액티브	6.16%	3.08%	3.08%	7회

순위	ETF 종목	토탈리턴 수익률	배당률	수익률	2024년 지급횟수
1위	ACE 글로벌인컴TOP10 SOLACTIVE	23.82%	7.12%	16.70%	12회
2위	TIGER 글로벌멀티에셋TIF액티브	22.75%	3.16%	19.59%	12회
3위	PLUS 고배당주채권혼합	14.56%	3.43%	11.13%	11회
4위	KODEX 테슬라커버드콜채권혼합액티브	13.79%	13.44%	0.35%	11회
5위	KODEX 배당성장채권혼합	7.50%	0.24%	7.26%	3회

기초자산(리츠) 토탈리턴 수익률 TOP 5

순위	ETF 종목	토탈리턴 수익률	배당률	수익률	2024년 지급횟수
1위	RISE 글로벌리얼티인컴	8.48%	3.74%	4.74%	10회
2위	TIGER 미국MSCI리츠(합성 H)	7.54%	4.17%	3.37%	12회
3위	ACE 싱가포르리츠	6.09%	2.16%	3.93%	5회
4위	히어로즈 리츠이지스액티브	6.09%	6.54%	−0.45%	8회
5위	ACE 미국부동산리츠(합성H)	4.71%	1.82%	2.89%	5회

기초 자산	2024년도 토탈리턴 수익률 범위	기초 자산	2024년도 토탈리턴 수익률 범위
현금성 자산	월 배당으로 전환	커버드콜 국내 (특히 고배당 좋았어요!)	1.12~17.77%
국내 주식 (은행주 좋았어요!)	−2.35~46.05%	미국 채권 (하이일드 채권 좋았어요!)	−11.70~22.23%
한국형 SCHD (환 노출 종목 좋았어요!)	9.22~25.08%	한국 채권 (10년 만기 국채 좋았어요!)	3.91~12.66%
미국 & 글로벌 주식 등 (미국 주식 좋았어요!)	−0.51~42.81%	인컴(자산 배분형) (글로벌 자산 배분 좋았어요!)	−5.08~23.82%
커버드콜 미국 (AI 관련 종목 더 좋았어요!)	3.15~64.82%	리츠 (해외 리츠 좋았어요!)	−4.14~8.48%
커버드콜 미국채권 (환 노출 종목 좋았어요!)	−6.32~9.16%